Deutsch-jüdische Dichterinnen

Rose Ausländer
Hilde Domin
Mascha Kaléko
Gertrud Kolmar
Else Lasker-Schüler
Nelly Sachs

D1677965

Anne-Gabriele Michaelis

Die Welt der Poesie
für neugierige Leser

Herausgegeben und mit einem Vorwort von
Jan Michaelis

Zweiter Band:
Deutsch-jüdische Dichterinnen

Rose Ausländer
Hilde Domin
Mascha Kaléko
Gertrud Kolmar
Else Lasker-Schüler
Nelly Sachs

Engelsdorfer Verlag
2007

Bibliografische Information durch
Die Deutsche Bibliothek:
Die Deutsche Bibliothek verzeichnet diese
Publikation in der Deutschen Nationalbiblio-
grafie; detaillierte bibliografische Daten sind im
Internet über http://dnb.ddb.de abrufbar.

ISBN 978-3-86703-518-7

Copyright (2007) Engelsdorfer Verlag

Alle Rechte beim Autor

Hergestellt in Leipzig, Germany (EU)
www.engelsdorfer-verlag.de

11,00 Euro (D)

Inhalt

Deutsch-jüdische Dichterinnen

An Else Lasker-Schülers Grab wurde das Kaddisch gesprochen. Darin heißt es: „Gottes Namen sei gefeiert und besungen. Gepriesen sei er über allem Lob und jedem Lied, hoch über allem Preis und jedem Trost der Welt." Und es schließt mit den Worten: „Möge Gott uns und ganz Israel Frieden geben. Darauf sprecht: Amen." Dieser glühende Wunsch nach Heiligung des Namens Gottes und nach Frieden durch seine Güte sollten wir uns alle anschließen und darin einstimmen. Es ist ein frommer Wunsch. Ein versöhnlicher Wunsch. Deshalb möchte ich ihn diesem Buch voranstellen.

Denn das Verhältnis von Deutschen und Juden ist durch den Holocaust geprägt. Diese Katastrophe spielt auch im Leben der hier vorgestellten Dichterinnen eine Rolle. Die Dichterinnen sind tot, zuletzt starb Hilde Domin. Damit sie nicht vergessen werden liegen hier erstmals die kurzen Biografien vor, die Anne-Gabriele Michaelis als „Lebensbilder" bezeichnet. Wieder hat die Autorin wertvolle Hinweise auf das Werk der behandelten Dichterinnen gegeben.

So kann die Lektüre aufgenommen und vertieft werden.

Bei Gertrud Kolmar finden wir ein Kurzleben. Hier lastet die Vergangenheit schwer auf dem deutsch-jüdischen Verhältnis, denn Kolmar wurde nach Auschwitz deportiert und dort ermordet. Dass die Werke erhalten blieben, verdanken wir vor allem den ins Ausland geflohenen Verwandten und ihrem späten Einsatz für das Werk. Der Nachruhm ist ihr, Gertrud Kolmar, sicher, dazu trägt auch dieses Lebensbild bei. Gertrud Kolmar hat es in wichtige Sammelbände deutscher Dichtung geschafft. So findet man sie im zweibändigen „Deutsche Gedichte" des Inselverlags vor, wie auch im einbändigen „Deutsche Gedichte" des Reclam Verlags.

Glücklicher ist das lange Leben der Hilde Domin. Trotzdem musste sie dazu eine wahre Odyssee auf sich nehmen. Es ist in ihr ein Beispiel für eine späte Berufung und ein vorher aufopferungsvolles Leben im Dienst am Werk des Ehemanns. In ihrem Leben wir Exil und Heimkehr sichtbar und greifbar. Für eine Dichterin ist diese Heimkehr immer Heimkehr in die Sprache, in den eigenen Sprachraum und damit auch zu Zuhörern und Lesern. Dies wird besonders deutlich an Domins Vortrags- und Lesereisen und ihrer Lehrtätigkeit.

Hilde Domin ist auch ein Beispiel für eine hohe Sprachbegabung und eine schier unvorstellbare sprachliche Anpassungsfähigkeit. Dies war im Fall von Mascha Kaléko anders. Sie brauchte das deutschsprachige Publikum mehr als anderes. Für sie ist das Exil kein Abenteuer, keine Auswanderergeschichte. Sie hat die Isolation sogar noch in Israel gespürt. Und die harten Schicksalsschläge waren für sie, die Verluste von Sohn und Ehemann. Mit Mascha Kaléko und ihrem Ehemann tritt auch die starke jüdische Strömung des Chassidismus in unser Blickfeld.

Dabei ist es nicht die Dichterin, die hier schöpferisch verwurzelt ist, wie es etwa ein Martin Buber war. Es ist der musikalische Ehemann, der diese Lebenswelt erforscht und Kaléko trägt dazu bei in der Rolle der Ehefrau, darin gleicht sie Domin, die ebenfalls ihre Kraft dem Werk des Ehemanns aufopferte. Domins Mann widmet sich allerdings einer ganz anderen Lebenswelt: der iberoamerikanischen Kultur und der Archäologie des Alten Rom.

Dabei ist die Erinnerung an die Orte der frühen Tätigkeit, Berlin für Kaléko und Rom für Domin ein erstaunliches Bindeglied dieser so verschiedenen Lebensläufe. Es ist also ein Element der Heimkehr in diesen Lebensbildern enthalten. Für Kaléko aber ist ein erneuter

Wohnsitz in Deutschland nur eine Idee, vorstellbar nur als Zweitwohnsitz. Während Domin sehr erfolgreich zurückkehrt und ein Alterswerk schaffen kann, das auch mit einer Hochschullehrtätigkeit dazu beiträgt, diese Autorin im deutschen Sprachraum zu verwurzeln durch ihre Schüler. Kaléko hat da ein ganz anderes Erfolgsmodell, sie findet eine erfolgreiche Nachlassverwalterin, deren Tätigkeit für das Werk der Dichterin ihr zu Nachruhm genügt.

Mit Nelly Sachs tritt das sephardische Judentum in unser Blickfeld. Diese starke Strömung des Judentums mit eigenem Ritus, eigenen Synagogen und eigenen Gesängen, ja einer eigenen Sprache steht neben den aschkenasischen Juden als zweiter starker Strömung. Die Sepharden sind spanisch geprägt, die Aschkenasim deutsch geprägt, mit einem eigenen deutschen Dialekt, dem Jiddisch, dass eine deutsche Sprache mit hebräischer Schrift ist und an den germanistischen Instituten der Universitäten erforscht und gelehrt wird. Die Aschkenasim siedelten in Ost- und Mitteleuropa, zu ihnen gehörten auch die Juden in Galizien, aber oft findet sich eine sephardische Gemeinde und Synagoge in diesem Siedlungsgebiet neben den verschiedenen Synagogen der

Aschkenasim, die ebenfalls im Ritus und in den Gesängen Eigenständigkeiten entwickelt haben. Hier ist eine „Glaubensspaltung" wie etwa im christlichen Bereich zwischen Evangelischen und Katholischen oder Katholischen und Orthodoxen zu finden. Das Judentum ist ebenfalls vielgestaltig und ausdifferenziert. Und auch das Judentum kennt eine Abwendung von der Religion, wie sie die Französische Revolution einleitete und die Aufklärung und Säkularisierung gesellschaftlich etablierte.

Die starke Fraktion der unreligiösen oder weltlichen Bürger findet sich im Christentum wie Judentum. Das Judentum selbst erlebt dies oft als Verfallserscheinung. Das assimilierte jüdische Bürgertum, aus dem Else Lasker-Schüler hervorging, hat deshalb nach dem Holocaust einen schweren Stand gehabt. Zu unrecht wir es belastet mit einer Schuldzuweisung. Als sei die Assimilierung Ursache für Antisemitismus.

Es gibt aber auch heute noch Schriftsteller jüdischer Herkunft und Identität, die ein areligiöses, ja „gottloses" Judentum vertreten. Auch wenn dies die Gläubigen vor den Kopf stößt. Auch hiermit wird der Leser im Lebensbild der Nelly Sachs in Berührung gebracht.

In Nelly Sachs begegnet uns auch eine Persönlichkeit, die große Einsamkeit erlebt und doch in der Lage war, wichtige Kontakte zu pflegen und zu nutzen. Es ist die Brieffreundschaft nach Schweden zur bewunderten Selma Lagerlöf, die schließlich das lebensrettende Exil ermöglicht. Es ist die Brieffreundschaft zu Paul Celan in Paris von Schweden aus geführt und gehalten, die ihr das Leben und Schreiben möglich macht, in einer Zeit schwerer Depression.

Mit Nelly Sachs begegnet uns auch eine Dichterin, die wiederholt psychiatrische Pflege nötig hat und doch publizistisch aktiv ist. Und sie hat erst spät das Judentum für sich entdeckt und dann schriftstellerisch daraus wertvolle Anregungen für ihr Werk fruchtbar gemacht.

Christian Morgenstern schrieb: „Lass mich mit den Deutschen in allen geistigen Vordergrunddingen aus; die Juden sind der Gärstoff, den wir verdienen und brauchen. Ich sehe mich um, wer mir … das einfache nackte Leben bis heute erhalten hat: Es sind fast ohne Ausnahme deutsche Juden."

Ein andermal schrieb er:

„Ich wünsche die Überwindung des jüdisch-deutschen Geistes durch deutschen Geist, aber nicht durch deutsche Wut." Von deutschem Geist zu sprechen oder von jüdisch-deutschem Geist ist nicht leicht im Schatten der Rhetorik des Nationalsozialismus. Doch es lohnt sich darüber nachzudenken, denn dann wird sehr schnell sichtbar, dass die Propaganda ein verzerrtes Bild gezeichnet hat. Das Jüdische ist dabei nicht immer ein Religiöses, oft geht es in den Lebensbildern um eine Emanzipation, die so grundlegend ist, dass es eher ein Konflikt von Bürgertum und Künstlertum scheint. Es ist die Überwindung der Ständegesellschaft, die Durchlässigkeit der sozialen Schichten durch Bildung. Ein Thema, das in Deutschland heute wieder im Gespräch ist, wenn die deutsche Bildungslandschaft die sozialen Unterschiede zu zementieren scheint.

Der verstorbene Paul Spiegel forderte einmal in seinem Amt als Vorsitzender des Zentralrats der Juden, wir sollten uns der Gemeinsamkeiten der deutschen wie jüdischen Geschichte bewusst werden und diese Gemeinsamkeit betonen. Ich denke, dass mit den vorliegenden Lebensbildern dieser Forderung nachgekommen ist.

Es gibt sie noch und wieder, die jüdischen Schriftsteller in deutscher Sprache. Für die Lebenden seien hier nur einige wenige Beispiele genannt: Vladimir Kaminer ist da zu nennen, aber auch Barbara Honigmann. Bei einer Veranstaltung in Düsseldorf konnte ich beide kennen lernen. Und noch andere jüdische Schriftsteller, die eins gemeinsam haben, sie lassen sich nicht vereinnahmen und nicht reduzieren auf eine Rolle des jüdischen Autors oder ein religiöses Judentum. Auch nicht auf ein Leben in Deutschland, so wanderte Honigmann nach Frankreich aus, trotzdem schreibt und publiziert sie auf Deutsch.

Bei dem Lebensbild von Rose Ausländer ist dieses Thema schon präsent und sie hat die tiefe Verunsicherung durch den Holocaust überwunden und wieder ein Urvertrauen zu den Menschen gefunden, so ist es Rose Ausländer möglich in deutscher Sprache zu dichten und in Deutschland zu leben und zu sterben, und damit hier ihren Frieden zu finden. Ja mehr als dass, sie fand noch zu Lebzeiten hier zugkräftige Mitstreiter für ihr Werk.

Dem vorliegenden Buch kann nur der Erfolg seines Vorgängerbandes gewünscht werden. Denn diese Biografien mit Leseanregung schließen eine Lücke in der Bildungslandschaft. Sie sind einfühlsam und nicht akademisch verfasst. Ihre Sprache ist leicht verständlich und ihr Inhalt ist nicht der Germanistik vorbehalten, sondern jedem interessierten Laien zugänglich. Gerade das lebenslange Lernen wird als Trend dafür sorgen, dass diese Lebensbilder nachgefragt werden, denn mit ihnen kann auch Hans noch lernen, was Hänschen nicht gelernt hat: Literatur ist keine Qual und keine Pflichtlektüre, sondern das schönste Vergnügen.

Bei allen Qualen, die die hier vorgestellten Autoren durchleiden mussten, sie hatten eine unschätzbare Stütze in der Literatur - um damit einen Buchtitel von Hilde Domin in eigenen Worten wiederzugeben. Hiermit wird der zweite Band vorgelegt: Deutsch-jüdische Dichterinnen.

Lebensbild der Dichterin Rose Ausländer
(1901 – 1988)
Mit Verweisen auf Lyrik und Prosa von
Rose Ausländer zum Weiterlesen.

Rose Ausländer

Rose Ausländer erblickte als Rosalie Beatrice Scherzer am 11. Mai 1901 in der Moraringasse 5a in Czernowitz in der Bukowina, die damals noch zu Österreich gehörte, das Licht der Welt. Am 18. Mai wurde Rosalie getauft und erhielt noch den jüdischen Vornamen Ruth. Ihre Mutter Etie Rifke Scherzer, geb. Binder, stammte aus Czernowitz. Sie hatte vor Rosalie einen Sohn zur Welt gebracht, der mit eineinhalb Jahren stirbt. Die Trauer um diesen Verlust soll durch die Geburt eines neuen Kindes gelindert werden. Doch anstelle eines erneuten Sohnes wird die Tochter Rosalie geboren, die schon allein durch ihr anderes Geschlecht seine Lücke nicht schließen kann. Trotzdem lässt der erlittene Verlust die Eltern übertrieben ängstlich auf die Tochter blicken. Ein Ersatzkind, das Trost spenden soll für den leeren Platz! Diesen ihr vom Schicksal zugewiesenen Platz gestaltet Rose im Lauf ihres Lebens aus. 1906 wurde noch ihr Bruder Maximilian geboren, dem sie immer sehr zugetan war. Ihr Vater Sigmund Scherzer, um 1872 in Sadagora geboren, wurde am Hof des Wunderrabbis von Sadagora erzogen, um eine religiöse Laufbahn einzuschlagen, im Sinne der kabbalistischen Gelehrsamkeit, die Natur- und Gottesnähe des Chassidismus vereinigen.

Exkurs: Kabbala

„Überlieferung", jüdische Geheimlehren und Mystik

Er war mit 17 Jahren bereits ein Gelehrter, eine Koryphäe und wurde von einem Rabbinerhof zum anderen geschickt, um mehr Gelehrsamkeit aufzunehmen. Aber er sehnte sich aus dieser Gettoatmosphäre hinaus in eine persönliche und geistige Freiheit. So kam er in die „weltliche Stadt" Czernowitz, die als deutsches Kulturzentrum berühmt war, assimilierte sich, besuchte und absolvierte die Schulen, holte alles versäumte an deutscher Schulung und Bildung nach, lernte und las enorm viel und wurde ein Kulturmensch deutscher Bildung.

Obwohl Sigmund Scherzer sich vom jüdisch-orthodoxen Denken abwendet und sich zum Freidenkertum bekennt, werden in seinem Haus die wichtigsten Regeln der jüdischen Tradition bewahrt. In dieser Tradition wurzeln viele Bilder, die sich in Rose Ausländers Gedichten finden. Auf des Vaters Einfluss vor

18

allem beruht ihr Glaube an die Macht der heiligen Buchstaben, durch ihn ist ihre jüdisch-chassidische Tradition verankert.

„Meine Eltern und Großeltern stammten aus der Bukowina und waren dort zur Welt gekommen und patriotische Österreicher, gebildete, sehr belesene Menschen, sehr liberal denkende, für alles Neue aufgeschlossene Humanisten. Für mich gilt das Goethewort: Vom Vater hab ich die Statur, des Lebens ernstes Führen, vom Mütterchen die Frohnatur und Lust zum Fabulieren. Meine Mutter war das wunderbarste Wesen, dem ich je begegnet bin, nicht etwa weil sie die ideale und aufopferungs- und verständnisvollste Mutter war, das sind ja die meisten Mütter! Sie war eine seltene harmonische Mischung aus Weisheit, Zartheit, Güte, poetischem Feingefühl, Selbstlosigkeit und höchster Toleranz allen Menschen, überhaupt allem gegenüber. Sie liebte alle Menschen, die Tiere, die Blumen, überhaupt die Natur. Sie fand für alles Übel eine Entschuldigung – also eine Jüdin, die eine Christin im wahrsten Sinne des Wortes war: eine Heilige. Dabei eine charmante Erzählerin mit viel Humor."

So erfährt man es von Rose Ausländer.

Rosalie wächst also in einem Elternhaus auf, das sie willkommen heißt, wenn auch als Verdrängung des elterlichen Schmerzes. Ihr Verhältnis zu ihrem Vater ist in der frühen Kindheit von maßloser Liebe und Verehrung geprägt. Diese enge Bindung an ihn, der 1920 starb, übertrug sie später auf ihre Mutter, die von beiderseitiger Liebe zueinander geprägt war.

Rosalie besuchte die Volksschule und anschließend das Lyzeum in Czernowitz und Wien. Das wohlgeordnete Leben wurde je unterbrochen, als während des Ersten Weltkrieges russische Truppen Czernowitz besetzten. Die Familie Scherzer floh, zuerst nach Budapest, dann von 1916 – 18 nach Wien. Diese zwei Jahre waren von Entbehrungen gezeichnet, denn es gelang den Flüchtlingen nur mühsam, sich ihren Lebensunterhalt zu sichern. In dieser Zeit begann Rosalie Scherzer mit ihren ersten Schreibversuchen: kleine Prosastücke, Märchen, erste Gedichte, die sie aber als misslungen empfand und vernichtete.

1918 wurde die Bukowina Rumänien zugesprochen, so mussten sich die Flüchtlinge entscheiden, ob sie in ihre Heimat zurückkehren oder endgültig in Österreich bleiben wollten. Die Scherzers gingen nach Czernowitz zurück, der Vater nahm seine Tätigkeit als Prokurist in einer Handelsfirma wieder auf.

Rosalie beendete die Schule mit dem Abitur und begann an der Universität das Studium mit den Schwerpunkten Literatur und Philosophie. Je mehr der Einfluss der Religion und der Mythen aus ihrer Kindheit abnahm und sich ihr Interesse diesen beiden Studiengebieten zu wendete, desto stärker wurde der Einfluss ihrer Mutter. In ihrem Prosatext „Doppelleben" schildert Rose Erinnerungen, bei denen sie sich in verschiedene Dinge verwandelt und hier zeigt sich deutlich, dass die Erfahrungen, die Sehnsucht nach Eindringen in eine andere Realität mit der Mutter in Verbindung stehen.

Rose lernte also schon in ihrer Kindheit, sich geistige Freiräume zu erschließen. Sie überlässt sich, sooft sie kann, dem widerstandslosen Traumbereich ihrer Fantasie. Ganz typisch ist für sie, sich als Fliederbaum zu sehen und zu fühlen (den sie über alles liebte) und in dem Gedicht „Ich denke" spürt man auch dieses Überbehütetsein, das ihr fast zur Einengung wurde. Sie durfte nämlich nicht mit den Kindern auf der Straße spielen, der rohen Manieren und des derben Dialekts Willen und um nicht irgendwelchen Gefahren ausgesetzt zu sein. Diese Glashausatmosphäre hat sie sicher als belastend empfunden. Als Kind lernt sie, die Rolle des Außenseiters zu spielen. Im Rückblick erklärt sie jedoch immer wieder, dass ihre

Kindheit die einzige Zeit war, in der sie glück-
lich war.

Vor vielen Geburtstagen
als unsere Eltern
den Engeln erlaubten
in unseren Kinderbetten zu schlafen –
ja, meine Lieben
da ging es uns gut

Zum Weiterlesen: sechs Gedichte (1976) „Bu-
kowina II und III", „Ins Leben", „Ich denke",
„Alte Zigeunerin", „Biographische Notiz", eine
Erzählung (1976) „Doppelleben" aus „Die
Nacht hat zahllose Augen"

Mit der Philosophie wurde sie erstmals im
Rahmen des ethischen Seminars in Czernowitz
bekannt. Dort hatte sich ab 1919 unter der
Leitung von Dr. Kettner ein Kreis junger Leute
zusammengefunden, der sich mit dem Werk
des Philosophen Constantin Brunner und
davon ausgehend mit dem Werk Platons und
Spinozas beschäftigte. Es begann für sie ein
regelmäßiger Briefwechsel mit Brunner, der
damals in Berlin lebte und den sie bis 1930
fortsetzte, den sie als ihren Meister verehrte.
Dazu war Goethe ihr erster Dichter, der sie
beeindruckte, aber auch Hölderlin und Rilke,

sowie Else Lasker-Schüler, die sie für die bedeutendste deutsche Lyrikerin hielt. Dann war ihr Kafka sehr wichtig, Nelly Sachs, Paul Celan, der auch aus Czernowitz stammte und später die gegenwärtigen Schriftsteller Peter Huchel und Heinz Piontek, der Oberschlesier. Sie gibt auch an, dass sie eine Zeitlang Karl Kraus verehrte, dass die Dichtungen Heyms und Trakls für sie von Bedeutung waren. Einflüsse empfing sie auch von Dichtern der Bukowina, so von ihrem späteren Förderer Alfred Margul-Sperber, von Itzig Manger und Elieser Steinbarg.

Vier Sprachen sprach man in Czernowitz: Deutsch, ab 1918 Rumänisch, das als Landessprache galt, Hebräisch und Jiddisch, letztere Sprachen vermittelte ihr ein Privatlehrer. Das Sprachideal der Mutter war an der Dichtung der Klassik orientiert, die für sie zum Medium ihrer selbst erworbenen Bildung wurde. Kein Wunder, das sie bemüht war, dass Rosalie nie mit dem verspotteten „Buko-winer" Deutsch (einer Vermischung durch die mannigfachen Spracheinflüsse, denn über ein Drittel der Bevölkerung war jüdisch), sprachlich beeinflusst wurde.

Roses Sprachkonzept, das in Czernowitz seine Wurzeln hat, ist universell angelegt: Es umfasst alle im Kosmos nebeneinander existierenden

Sprachen und gründet sich auf der weltschöp-
ferischen göttlichen Sprachlichkeit überhaupt,
wie in dem Gedicht „Das Wort":

Am Anfang
war das Wort
und das Wort
war beim Gott

Und Gott gab uns
das Wort
und wir wohnen
im Wort

Und das Wort ist
unser Traum
und der Traum
ist unser Leben

Die Sprache der Natur und der Tiere (z. B. der
Vögel und Schmetterlinge), Mond, Sterne,
Traum, Blumen, all das fließt in ihre Lyrik ein.
So wie sie auf ihrer ersten Flucht mit 17 Jahren
in Wien zu dichten begann, so wird sie in aller
Schwere ihres Lebens mit Hilfe der Poesie alles
bewältigen können. Immer wieder kann sie die
Schranken der realen Welt mit Hilfe der Litera-
tur überspringen, kann sich in den Zaubergar-

ten der Kindheit und Dichtung retten bis ins hohe Alter.

Als 1920 ihr Vater starb, endete ja die Zeit der Kindheit und Jugend. Die Familie geriet in materielle Schwierigkeiten. Die Mutter beschloss, dass die Tochter in die USA auswandern solle, da es bereits Verwandte dort gab, die ebenfalls einmal diesen Weg gegangen waren und die anboten, sich der 20-jährigen jungen Frau anzunehmen und ihr Hilfestellung zu geben. Ihr Freund Ignatz Ausländer, den sie im ethischen Seminar an der Uni kennengelernt hatte, schloss sich ihr an. Beide reisten im April 1921 in die „Neue Welt".

Die Trennung von der Mutter war eine schmerzliche Erfahrung für Rose Scherzer. Trotz dieser großen Liebe zwischen ihnen hatte die Mutter sich von ihr getrennt, ja sie verstoßen. In vielen Gedichten kommt die Bindung an die Mutter zum Tragen wie in dem Gedicht „Ins Leben" (siehe vorangegangenen Hinweis zum Weiterlesen).

Unter Lebensgefahr wird sie sich später immer wieder die Verbindung Mutter-Tochter aufrechterhalten. Aber in ihrem Reisegepäck trägt sie die unauslöschlichen erlebten Himmel der Kindheit und nimmt sie mit in das Unbekannte und die Liebe die ihr die Menschen, die Landschaft und die Bücher des Karpatenvorlandes schenkten. Rose und Ignatz leben zunächst in dem kleinen Ort Winona in Minnesota. Hier trifft sie die Erkenntnis, die aufgrund ihrer Erfahrungen Sensibilisierte, wie die Menschen dort leben:

„Bauern, die Land um einen Pappenstiel erworben hatten, verkauften es für ein Hundertfaches und lebten hier als Rentner und gute Christen in dieser idyllisch stillen Stadt. Rasierte Rasen vor jedem Holzhaus, rasierte Seelen in den Stuben. Nur glockenklare Wasserfällchen und das viele Grün machen ihr den Aufenthalt dort erträglich." So klingt es in einem Gedicht an. Grün steht von jetzt an in ihren Gedichten als positives Attribut ihrer Heimat zugeordnet. Dieses „Grünmitdirsein" wird die Sprache der Natur, die durch Grün symbolisiert wird.

Als Gegensatz dazu wird sie zukünftig grau als Ausdruck für Verstädterung, Technisierung bis hin zum Synonym für Krieg entwickeln. New York, in das sie nach zwei Jahren umsiedelt, dient ihr dafür als exemplarisches Beispiel. In den zwei Jahren in Winona und Minneapolis/St. Paul bekam sie eine Stelle als Hilfsredakteurin in der deutschsprachigen Zeitschrift „Westlicher Herold" und betreute außerdem die Kalenderanthologie des Verlages. Die Trennung von der Familie und der Heimat, Anpassungsschwierigkeiten an die fremde

Umwelt, waren die Triebfedern wieder zu schreiben und sie konnte ihre Gedichte erstmalig publizieren von 1921-27 im „Westlichen-Herold-Kalender".

Anfang 1923 siedelten Rose und Ignaz, der sich jetzt Irving nennt, nach New York über und heiraten dort im Oktober. Diese Ehe ist eine liebevolle Zweckgemeinschaft, sie emigrierten gemeinsam, haben beide Schwierigkeiten mit dem amerikanischen Leben und trösten sich gegenseitig über ihr Heimweh hinweg, indem sie sich eine gemeinsame Oase schaffen. Gedichte über die Liebe zu Ignaz Ausländer schrieb Rose nie!

Sie arbeitet in einer Bank, er leitet eine Automobilgarage. Beide waren am Aufbau eines Constantin-Brunner-Kreises, zusammen mit Dr. Walter Bernard in New York beteiligt. Sie waren Mitglieder des Bukowina-Kultur-und Sozialwerks, bei dem sie sich stark engagierten. 1924 lernte Rose Alfred Margul-Sperber kennen, der zu jener Zeit Prokurist in der Bank war, in der sie arbeitete. Er wurde später ihr wichtigster Förderer in Czernowitz. Sperber ist ein Erlebnisdichter, er verstärkt ihren Schreibimpuls zusätzlich. So entstehen unter anderem diese drei Gedichte in New York, die ganz ihre Eindrücke dieser Stadt wiedergeben.

Zum Weiterlesen: drei Gedichte (1927) „Die stolze, große, grellgeputzte Stadt", „New York bei Nacht", „Herbst in New York"

In diesen Gedichten klingt nicht nur die zerstörte Natur an, sondern auch in einer differenzierten Kritik der zerstörte Charakter der modernen Arbeitswelt. In diesen Bildern klärt sich die expressionistische Klangfülle zu einem knappen ironischen Stil. Es ist aber auch das New York, in dem sie nur überleben kann, weil sie schreibt! Es sind erschütternde sozialkritische Außeinandersetzungen mit dieser Großstadt, die neben Georg Heyms „Dämonen der Stadt" oder Tucholskys „Augen in der Großstadt" bestehen können.

1926 reisen Rose und Ignaz Ausländer nach Czernowitz. Beide wollen vermutlich nach fünfjähriger Abwesenheit ihre Heimat und die Menschen wiedersehen. Für Rose sind es die Mutter, der Bruder und Alfred Margul-Sperber, der 1898 in einer kleinen Stadt in der Bukowina geboren wurde und sich ebenfalls in Czernowitz aufhält. In dieser Zeit begegnet ihr der Grafologe Helios Hecht, der die große Liebe ihres Lebens wird, der jedoch verheiratet ist. 1927 trennt sich Rose von Ignaz, der zurück nach New York reist, wo sie sich später zwecks Auszug aus der Wohnung und der Scheidung treffen werden. 1928 reist Rose nach Berlin, besucht dort Constantin Brunner und schloss Freundschaft mit dessen Tochter Lotte. Nach dreimonatigem Aufenthalt in dieser Stadt reist sie zurück nach Czernowitz, um die an Herzasthma erkrankte Mutter, die pflegebedürftig ist, zu betreuen. Als es der Mutter nach acht Monaten besser geht, reist auch sie zurück nach New York, wo sie ab 1929 mit Helios Hecht zusammenlebt. In dieser Zeit beendet sie ihren 1927 begonnenen „Gedichtszyklus New York", der später in der Zeitung „Der Tag" in Czernowitz ausschnittweise publiziert wird. Der vollständige Zyklus ist nicht mehr erhalten!

Nach der Scheidung am 8. Mai 1930 kehrt sie gemeinsam mit Helios Hecht 1931 in die Bukowina zurück. Sie leben im Haus der Mutter. In der Folgezeit erscheinen ihre Gedichte in Anthologien, Literaturzeitschriften wie „Buchenblätter", „Klingsor" und „Selbstwehr" in Prag. Sie arbeitet für die Zeitung „Der Tag" unter dem Pseudonym „Frau Ruth", als Beraterin in schwierigen Lebenslagen. 1935 stellt Margul-Sperber die Texte für einen Lyrikband zusammen, in ihm sind Gedichte versammelt, die von ihr zwischen 1927 und 1933 geschrieben wurden. Er wurde 1939 unter dem Titel „Der Regenbogen" in dem Czernowitzer Verlag „Literia" veröffentlicht. Der Erfolg blieb ihr jedoch versagt. In Rumänien war das Buch einer deutschsprachigen Schriftstellerin unerwünscht, im Nazi-Deutschland wurde es als Buch einer Jüdin nicht zur Kenntnis genommen. Lediglich in der Schweiz erhielt sie einige sehr gute Kritiken: Manfred Hausmann, Hans Carossa und Arnold Zweig bestätigten ihr, welch positiven Eindruck sie von ihren Gedichten hatten. Inzwischen schritt die Rumänisierung der Bukowina fort. Nichts mehr durfte in deutscher Sprache erscheinen. Rose Ausländer gab Englischunterricht, arbeitete als Sekretärin und schließlich als Arbeiterin in einer chemischen Fabrik. Sie hatte sich von Helios Hecht getrennt, lebte jetzt wieder bei ihrer Mutter und versorgte sie, wenn es ihr Kranksein erforderte. Im Oktober 1941 besetzten Einheiten der Waffen-SS Czernowitz. Von den rund sechzigtausend Juden der Stadt wurden fast 5000 innerhalb weniger Tage getötet. Im alten Judenviertel wurde das Getto eingerichtet. Von dort aus erfolgten die Todestransporte nach Transnistrien, einige hundert Kilometer östlich der Stadt, einstmals die Kornkammer der Ukraine. Unbegreiflich ist, dass der Befehl des Rumänen Antonescus noch die Judenvernichtung der SS übertraf!

Die Familie Scherzer-Ausländer war durch die Errichtung des Gettos eingesperrt. Rose Ausländer erhielt noch eine Arbeitserlaubnis und konnte so für die Familie sorgen. Ein Bukarester-Freundeskreis sammelte Lebensmittel und Kleidung. Die Exilpolin Hanna Kawa schmuggelte unter Lebensgefahr diese Hilfsmittel ins Getto.

Im März 43 wurde Rose die Arbeitserlaubnis entzogen, dies galt als sicheres Zeichen für die bevorstehende Deportation. So verbarg sie sich mit ihrer Mutter von da an in verschiedenen Kellerverstecken und konnte sich so der Verschleppung entziehen. In dieser Zeit fand Rose Ausländer Trost in der Welt des Schreibens. Diese Gedichte, die sie später unter dem Begriff „Gettomotive" zusammenfasst, sprechen von ihren Empfindungen in dieser Zeit, aber auch von dem Hoffnungsgedanken, wie in dem Gedicht „Eine neue Welt".

Zum Weiterlesen: drei Gedichte aus „Gettomotive" (1943):
„Die Verschollenen", „Es flog ein Blütenblatt herein", „Eine neue Welt"

Nur die Beschäftigung mit der Literatur und Philosophie ermöglichte ihr das Überleben. Im Frühjahr 44 besetzten russische Truppen die Stadt, das Getto wurde aufgelöst. Die wenigen

Überlebenden kehrten zurück, insgesamt haben nur 5000 Czernowitzer Juden das Grauen überlebt. Für sie war jedoch die Leidenszeit noch nicht zu Ende. Waren sie für die Rumänen deutsche Juden, so waren sie für die Russen Deutsche.

Wer arbeitsfähig war und keinen Arbeitsplatz vorweisen konnte, wurde nach Sibirien zur Zwangsarbeit deportiert. Rose hatte das große Glück durch einen Czernowitzer Arzt, dem die Leitung der Bibliothek übertragen worden war, mit mehreren Frauen dort von ihm eingestellt zu werden, obwohl die Größe der Bibliothek dies nicht rechtfertigte. Dieser rettende und schützende Arbeitsausweis verschonte die Frauen vor der Verschleppung. In dieser Zeit bildete sich ein Zirkel von Autoren, die sich regelmäßig trafen, die sich ihre Werke vorlasen. Die in Konkurrenz zueinander Sonette von Shakespeare ins Deutsche übertrugen oder von Wilde und Yeats und durch diese Beschäftigung die unerträgliche Realität verdrängten. Zu diesem Kreis gehörten auch Alfred Kittner, Imanuel Weisglas und Paul Antschel, der sich später Paul Celan nannte. 1944 lernten sich Rose Ausländer und Paul Celan nachweislich kennen. Sie hatte eine hohe Meinung von seiner Lyrik gehabt und ihn vehement gegenüber den „Dichterkollegen" verteidigt, bei denen er auf Ablehnung stieß. Sie entdeckte ihn, empfahl ihn Marguel-Sperber. Tatsache ist aber auch, dass Rose Ausländer in ihren Anfangsgedichten noch gereimt dichtete, nachdem sie Celans Lyrik kennenlernte, einen ganz neuen Stil entwickelte. Das kann man wunderbar hören bei ihren Mondgedichten, noch die Ersten reimen sich, doch schon bei Nacht I und Nacht II verändert sich die Dichtweise. Das bleibt auch bei allen Folgenden so.

Zum Weiterlesen: Erzählung „Mann im Mond" (aus ihrem Nachlass) und neun Mondgedichte (1976): „In den Traum", „Wir wollen", „Seliger Abend", „Im Monde", „Nacht I und II", „Die Zeit I", „Lichtkraft", „Unsere Sterne"

Als im Herbst 1945 Russland große Teile der Bukowina annektiert, wird der jüdischen Bevölkerung freigestellt, dort zu bleiben und damit russische Staatsbürger zu werden oder auszureisen. Durch die Erfahrung mit den Russen 1944 entscheiden sich viele überlebende Juden für den Antrag der Umsiedlung. Einer der Ersten ist Paul Celan, aber auch Rose, ihre Mutter, ihr aus der russischen Internierung heimgekehrter Bruder mit Frau und Kind, sowie der Lebensgefährte, Dr. Garnier, von Rose, stellen den Ausreiseantrag. Doch erst

Mitte August 1946 können sie mit einem der letzten Transporte ihre Heimat in Richtung Bukarest verlassen. Rose die befürchtete ihre Manuskripte und Bücher nicht mitnehmen zu dürfen, hatte sich alles Wichtige in kleine Notizbücher geschrieben, die sie am Körper verbergen und nach Rumänien schmuggeln wollte. Ihre Angst war jedoch unbegründet, sie durfte alles mitnehmen. Kaum in Bukarest, erreicht sie die Nachricht ihrer amerikanischen Freunde um Dr. Walter Bernard, nach New York auszuwandern. Sie hatten ihr Einwanderungspapiere besorgt und stellen die erforderliche Bürgschaft. Rose Ausländer war schon 1934 die amerikanische Staatsbürgerschaft wegen dreijähriger Abwesenheit aus USA aberkannt worden. In der Hoffnung ihre übrige Familie nachholen zu können und dem Glauben in den USA ein materiell abgesichertes Leben führen zu können, wofür in Bukarest wenig Chancen bestanden, nimmt sie das Angebot an! So wird die Begrüßungsfeier ihrer Freunde im Dalles-Saal in Bukarest zur Abschiedslesung denn schon im September 46 treffen die Papiere ein. Margul-Sperber hält die Einführungsrede: „Das Gedicht Rose Scherzers spricht das Natürlichste, Selbstverständlichste und Menschlichste so aus, dass es neu und zum ersten Mal gesagt erscheint. Sie ist den Grundmächten verhaftet

34

und nicht den Modemächten. Ihre Sprache ist ungekünstelt, klar und bündig, sie folgt der großen Tradition und Ehrfurcht vor der Sprache bestimmt den Ausdruck. Es ist eine geistige Landschaft in ihr, die seelisch erschüttert, ein denkendes Herz das singt, wie Ophelia, die sirenengleich dunkle alte Weisen sang und es klang wie ein Volkslied. So gestaltet Rose Scherzer das ewige Erlebnis des Frauenschicksals in Formen von erschütternder Einfachheit."

Auch Paul Celan dankt ihr nach der Lesung herzlich für die sehr guten Werke.

Von Marseille aus reist Rose Ausländer zum vierten Mal nach New York. Sie ist 45 Jahre, zurück bleibt die alte, kranke Mutter und ihre Heimat, sie wird beide nie wiedersehen.

Von 1946-1964, 18 Jahre verbringt sie in Amerika! Doch trotz liebevoller Aufnahme durch ihre Freunde findet sie nicht wirklich Geborgenheit in diesem Land, es sind eben nicht die Menschen, die ihr Heimat vermitteln! Es geht ihr aber nicht nur seelisch schlecht, ihr geschwächter Körper, durch die Ereignisse und Not der vergangenen Jahre, erlaubt ihr nicht eine dauernde Arbeit auszuüben, sodass sie auch materiell nicht Fuß fassen kann, dazu gelingt es ihr nicht, die erhofften Einreisemöglichkeiten für die Mutter und den Bruder zu beschaffen. In diese für sie in jeder Weise schwierige Situation trifft die Nachricht vom Tod der Mutter ein, die 73-jährig in Rumänien starb. Sie fühlt sich ihr gegenüber in der Schuld und verzweifelt! Durch ihren Tod, die für sie Heimat, Liebe und die Muttersprache symbolisierte, fällt der wesentliche Halt ihres Lebens weg. Über ein Jahr kann sie nicht mehr arbeiten, aber viel schlimmer, sie kann nicht mehr schreiben.

Dieser Abschied von der Mutter oder die seelische Krise, die sie nun durchlebt, ermöglichen ihr erst, dass sie sich in einem schmerzhaften Prozess vom alten Kapitel löst, um etwas Neues entstehen zu lassen. Doch bis ihr dass glückt, ist es ein weiter Weg. Sehr langsam überwindet sie die Krise und es ist auch bezeichnend, dass sie ihre ersten Gedichte ab Ende 1947 zunächst in Englisch verfasst. Eine ihrer ersten englischsprachigen Texte fing an: „Ich suche einen endgültigen Beginn."

Langsam sucht sie wieder Anschluss an Menschen, die wie sie deutsch sprechen und emigriert sind und sie nimmt wieder an deren kulturellen Leben teil. Von 1947 bis 49 gehört sie der Gruppe „The New Yorkers" an, die auf Initiative der deutschsprachigen Zeitung „Aufbau" gegründet wurde, sie war ein wichtiges Organ für alle deutschsprachigen Emigranten, die froh waren Schicksalsgenossen zu finden. Menschen zwischen 40 und 50 Jahren, die zusammen wanderten, politisierten, Badeausflüge machten und tanzen gingen, sich anfreundeten. So organisierte Mimi Grossberg aus Wien, die erste Lesung für Rose und sich selbst am 23. April 49! Rose Ausländer findet in dieser Zeit für ihre englischen Gedichte sowie für einige Übersetzungen von Gedichten Else Lasker-Schülers, Adam Mickiewicz und Christian Morgenstern Publikationsmöglichkeiten und sie bemüht sich um ihre verlorene Staatsbürgerschaft, was mit dem Hinweis auf ihr Leid von 1940-46 auch glückt. Trotzdem bleibt ihr die Stadt New York fremd. Sie lebt im ständigen Bewusstsein des Exils und der verlorenen Heimat.

1950 findet sie Arbeit als Übersetzerin und Fremdsprachenkorrespondentin in einer internationalen Speditionsfirma, wo sie bis Dezember 1961 tätig ist. Eine Tätigkeit, die ihr keine Befriedigung bringt:

„In der Achtstundenmühle malst du das Mehl des täglichen Brots: Litanei getippter Geschäfte und Kalkulationen", äußert sie sich. Rose Ausländer hatte nie eine eigene Wohnung, lebte nur aus Koffern, immer in möblierten Zimmern, die sie oft wechselte von einem Armenviertel ins nächste. Sie lebte sehr bescheiden, schaffte den sozialen Aufstieg, den sich alle Emigranten erhofften, nicht. Hier in den USA, wo nur der Dollar regiert und Materialismus herrscht, ist nicht der wirkliche Platz für sie, die erst einmal Ordnung in ihrem inneren Trauma schaffen muss. Hier wo man keine Bücher, sondern Magazine liest, kann sie keine geistige Heimat finden. Trotzdem sind diese Jahre für ihre spätere Lyrik von entscheidender Bedeutung. Zum einen findet sie zum „endgültigen Beginn" ihres Schreibens, zum anderen vollzieht sie einen vollständigen stilistischen Wandel. Mit 55 Jahren versucht sie, ihre „Aschenjahre" abzuschütteln und erwachsen zu werden. „Versöhnlich" „mein Gettoherz will sich verwandeln in eine hellere Kraft", oder „MutterSprache" „Ich habe mich in mich verwandelt von Augenblick zu Augenblick in Stücke zersplittert auf dem Wortweg/Muttersprache setzt mich zusammen – Menschmosaik!"

Zum Weiterlesen: sechs Gedichte „Gedichte über Dichterinnen und Dichter": „Droste", „Fünf Dichter", „Rilke", „Else Lasker-Schüler I und II", „Für Paul Celan"
fünf Gedichte „Die Maler der Rose Ausländer": „Rembrandts Monolog", „Renoir", „Paul Klee", „Hab-Grieshaber", „Chagall"

1956 lernt sei Marianne Moore kennen, eine 14 Jahre ältere amerikanische Lyrikerin, die mit ihren ironisch-witzigen und intellektuell geprägten Gedichten zu den bedeutendsten amerikanischen Lyrikerinnen des 20. Jahrhunderts gehört, die von Roses deutschen Gedichten begeistert ist, die sie in ihren modernen, lyrischen Ansätzen bestärkt und ihr rät zukünftig, ausschließlich in Deutsch, in ihrer Muttersprache zu schreiben und sich um die Veröffentlichung dieser Gedichte zu bemühen, was auch 1957 im „Aufbau" geschieht.

Im Frühjahr 1957 läd Mimi Grossberg Rose Ausländer zu einer Reise nach Europa ein. Sie überließ ihr ein Bootsticket der Holland-America-Linie. Wien war ihr erstes Ziel, wo sie alles wiedersah, was sie noch von früher kannte. Fotos, die damals entstanden, zeigen eine elegant und jugendlich gekleidete, glücklich strahlende Frau. Es folgt Salzburg, Paris, wo sie Paul Celan trifft, der ihr aus seinen neuen Gedichten vorliest. Er will sich für eine Veröffentlichung ihrer Lyrik einsetzen. Sie schickt die Gedichte, die er gut fand an Hans Bender, der „Im Osten des Herzens" 1959 in „Akzente" publiziert.

Als Höhepunkt dieser Frühjahrsreise 1957 empfindet sie ihren Italienaufenthalt. Italien bleibt ihr Traumland ihr Leben lang. Sie besucht die Dolomiten, die Riviera, Neapel, Rom, Florenz und Venedig. Jetzt da sie ihr Trauma verarbeitet hat, kann sie zu dem Glauben finden, dass Menschen wohl den Holocaust verschuldet haben, aber andererseits nur Menschen wieder die Atmosphäre von Liebe und Geborgenheit vermitteln können.

Im Sommer wohnt sie in München, wo sie durch die Freunde Vera und Emanuel Hacken, Michael Ende kennenlernt. Er stellt sie am 4. August 1958 in der Sendung „Der Kulturspiegel" des Bayrischen Rundfunks erstmals in der BRD vor und lässt Gedichte von ihr vortragen. Zwischen 1957 und 63 erlebt sie in New York eine äußerst schaffensreiche Zeit, alles, was sich in ihr aufgestaut hatte, quillt nun förmlich aus ihr heraus. Mit 61 Jahren hört sie krankheitsbedingt auf zu arbeiten und lebt von ihrer kleinen Rente.

Mit 62, 1963 entscheidet sie sich, nach Europa zurückzukehren. Im Mai verlässt sie die USA mit dem Schiff und trifft im Juni in Wien ein, wo sie nach 17 Jahren ihren Bruder und dessen Familie wiedersieht, die aus Rumänien ausgewandert sind. Die Geschwister erwägen, nach Israel auszuwandern. Auf einer vierwöchigen Reise dorthin versucht Rose Ausländer zu ergründen, ob dies eine Möglichkeit für sie alle wäre. Doch für die Jüdin Rose zeigt Israel ein kritisches Bild! So entscheidet sie sich, ihr zuhause auf ihren sprachlichen Wurzeln zu bauen und nicht auf ihren jüdischen. Vielleicht auch, weil der Versuch der Juden, in Israel Heimat und Frieden zu finden, nur erkauft werden konnte durch den Unfrieden eines anderen Volkes, der Palästinenser, die ein Volk ohne Heimat geworden sind. Dieses Land kann ihr keine Heimat werden.

Zum Weiterlesen: sieben Gedichte aus „Gedanken zu Ländern und Städten der Rose Ausländer": „Afghanistan", „New York", „Jerusalem", „Prag", „Avignon", „Les Baux", „Tübingen"

Als sie nach Wien zurückkehrt, ist ihre Schwägerin gestorben, der Bruder und die Kinder beschließen in die USA auszuwandern, Rose entscheidet sich für Düsseldorf, weil dort ein größerer Bekanntenkreis und Landsleute aus ihrer Heimat leben. Ab Ende März 1965 lebt sie in dieser Stadt in verschiedenen Pensionen oder bei Freunden. Sie lebt wieder aus dem Koffer! Durch die Bekanntschaft von Susanne Gräfin zu Münster erfährt sie materielle Unterstützung und viel menschliche Wärme und Zuwendung. Sie organisiert einige Lesungen für Rose Ausländer.

Dieser Kontakt bleibt ihr bis 1985 erhalten. 1965 erscheint ihr zweiter Lyrikband „Blinder Sommer" im Bergland Verlag Wien, der einige Beachtung findet. Bei einer Veranstaltungsreihe für Dichterinnen der Stadt Meersburg erhält sie für das Gedicht „Schnee im Dezember" den Ehrenpreis der Stadt. Unter den Zuhörern ist die Cousine des Schriftstellers Rudolf Hagelstange, der damals für den Verlag Hoffmann und Campe die Reihe „Cabinett der Lyrik" herausgibt. Ihm empfiehlt sie Rose Ausländers Lyrik, die ihm eine Auswahl schickt. Am 30. Oktober 1966 erhält sie dafür den „Silbernen Heine Taler", mit der Prämienzusage ihre ausgezeichneten Gedichte zu veröffentlichen. Sie erscheinen im dritten Lyrikband „36 Gerechte" der von der Kritik und den Medien mit einigem Aufsehen bedacht wird. Er ist das lyrische Zeugnis ihres persönlichen Schicksals. Dafür erhält sie 1967 den Droste Preis, durch den man endlich aufmerksam auf die Dichterin wird. In der Folgezeit erscheinen ihre Gedichte, Kurzprosatexte häufig in Anthologien, Zeitschriften, Zeitungen und im Rundfunk. 1966 erhält sie als ehemalige Verfolgte eine finanzielle Entschädigung und eine Rente zugesprochen, sodass sie sich den Traum vom Reisen erfüllen kann. Südfrankreich, noch einmal Rom und zum letzten Mal Venedig, aber auch die

Schweiz sind ihre Ziele. Lesungen, Veranstaltungen, Preisverleihungen und Tagungen führen sie in viele deutsche Städte und an den Bodensee. Ihre Zeit des Reisens war keine beschwerdefreie Zeit, denn Rose leidet an Rheuma, Magenbeschwerden, nervlichen Erschöpfungen und Schwächeanfällen, sodass sie zu Kuren nach Wörishofen, Bad Nauheim und 1972 nach Bad Mergentheim reist. Dort stürzt sie und erleidet einen komplizierten Oberschenkelhalsbruch. Nach ihrer Heilung kehrt sie nach Düsseldorf zurück und zieht in das Altenheim der jüdischen Gemeinde, das Nelly-Sachs-Haus. Es wird für 16 Jahre ihr Zuhause, in dem sie Schritt für Schritt der Welt, aber auch vielen Freunden den Rücken kehrt. Sie will fortan nur noch in sich selbst wohnen und ihr Werk zu Ende bringen.

Der Verleger Helmut Braun, der sie von 1975 bis zu ihrem Tod 1988 einmal wöchentlich besucht, erzählt:

„Sie war mir von Anfang an ungemein sympathisch, aber sie war eines nicht, die optimistische, liebenswerte Person, die aus ihren Gedichten spricht. Sie war sehr selbstbewusst und besessen von ihrer Aufgabe, ihr Werk zu Ende führen zu müssen. Unbeirrt schrieb sie weiter, sichtete und verbesserte, schuf sich Traumreisen, die sie auf dem Papier unternimmt."

1976 kann Helmut Braun den ersten gesammelten Lyrikband herausgeben, das Gesamtwerk schließt er 1986 mit sieben Bänden ab. Ihr Bekanntheitsgrad steigt in dieser Zeit unaufhörlich. Es gibt feste Lesegemeinschaften in einigen Städten, ungefähr 5000 Briefe schrieben ihr dankbare Leser seit 1965!

Ihr Bruder besucht sie von 1975-1987 einmal im Jahr für vier bis sechs Wochen, wohnt im Altenheim und kümmert sich rührend um sie.

Preise wie der Ida-Dehmel-Preis, der Gedok, der Gryphiuspreis 1977, verbunden mit ihrer letzten Lesung im Heine-Institut in Düsseldorf, die Roswitha-Medaille der Stadt Gandersheim 1980, sowie der Literaturpreis 84 der Bayerischen Akademie der schönen Künste, zeigen ihr die Verbindung mit den Menschen draußen an, denn schon lange verlässt sie ihr Zimmer nicht mehr. Bis 1988 war Rose Ausländer bettlägerig, sie starb am 3. Januar 1988 mit 87 Jahren und wurde auf dem jüdischen Friedhof im Nordfriedhof in Düsseldorf beerdigt.

Zum Weiterlesen: Fünf Gedichte: „So lebt", „Abschied", „Trennung", „Zusammenwachsen", „Wieder"

Lebensbild der Dichterin Hilde Domin
(1909 – 2006)
Mit Verweisen auf Lyrik und Prosa von
Hilde Domin zum Weiterlesen.

Hilde Domin

Hilde Domin wurde am 27. Juli 1909 als Tochter des jüdischen Rechtsanwalts Löwenstein in Köln in der Riehlerstraße geboren. Hilde Domin erzählt über ihren Vater: „Wenn ich es mir überlege, war er vermutlich ein höherer Beamter, er war ohne Neigung und Talent zum Zeremoniell, wenn auch sehr korrekt, war auf sein Gewissen vereidigt und auf die Weimarer Republik, die er für den Idealstaat hielt. Er erzählte mir nie vom Kaiser, den er noch als junger Mann erlebt hatte, aber immer von der Demokratie. Obwohl er im Ersten Weltkrieg Soldat gewesen war und irgendwo in seinem Kleiderschrank ein eisernes Kreuz lag, wurde bei uns auch nicht vom Krieg gesprochen.

Mein Vater stammte aus Düsseldorf aus einer angesehenen Juristenfamilie. Ein Vetter von ihm, mit dem er auch zusammen studiert hatte, war der Starverteidiger der 20er Jahre.

Er war als Anwalt freiberuflich tätig und bei den Richtern sehr geschätzt, wegen seiner genauen Schriftsätze, die die Übersicht über den Prozess erleichterten.

Er übernahm nur vertretenswerte Fälle, „Faule Sachen" kamen für ihn nicht in Frage.

Ich wuchs mit meinem jüngeren Bruder Benno auf, der sich erinnerte das Lieblingskind meiner Mutter gewesen zu sein. Auch ich weiß ganz sicher, dass ich ihr Lieblingskind war.

Meine Mutter hat es ganz einfach fertiggebracht, zwei Lieblingskinder zu haben, obwohl ich das für mich behielt, ich wollte meinen Bruder nicht kränken.

1931, als wir uns in Köln in der elterlichen Wohnung trafen, da war ich 22 Jahre, da entdeckte ich plötzlich, dass wir beide Lieblingskinder waren, aber zwei verschiedene Väter gehabt haben. Mein Vater war nicht der Vater meines Bruders, während meine Mutter in einem erstaunlichen Masse die gleiche Mutter von uns beiden war. Es ist mir daher bewusst, dass mein Vater durchaus nicht der Mann war, der er vielleicht war, sondern der, an den ich mich erinnere. Er war immer der, der viel zu früh mit uns auf den Bahnsteig kam, wenn wir verreisten und dass wir sehr schnell essen mussten, weil er so kurze Mittagspausen hatte. Noch heute essen mein Bruder und ich zu schnell.

Als ich begann mit dem Fahrrad zur Schule zu fahren, fuhr meine Mutter monatelang in der Straßenbahn die Strecke nebenher ab, um diese Expedition zu überwachen und die Risiken, denen ich ausgesetzt war, abzuschätzen. Man sieht daraus schon, was für eine Sorte Kindheit ich hatte. Sie scheint fast abenteuerlich als Vorbereitung für ein Leben wie das meine. Ich durfte, was ich wollte, man hielt mir, so gut es ging, die Hand unter oder auch über und beschützte mich." (aus ihren Erinnerungen 1968)

Hilde Domins Mutter stammte aus Frankfurt. Sie war als Sängerin ausgebildet, durfte aber nicht zur Oper. Ein einziges Mal war sie ausgekniffen und als Mignon aufgetreten, noch in Frankfurt. Im Salon von Hildes Eltern stand ihr Flügel, an dem sie übte und auch vor Gästen sang. Irgendwann sang sie ein englisches Lied, denn sie hatte einen großen Teil ihrer Mädchenjahre in England verbracht.

„Da gingen die Gäste türschlagend davon. Heute wäre so etwas kaum vorstellbar, aber damals nach dem Ersten Weltkrieg hatten es selbst die Französisch- und die Englischlehrerinnen an unseren Gymnasien schwer, sie wurden von vielen Kindern, vermutlich auch von Kollegen verachtet, und das bis zu meinem Abitur also noch mehr als ein Jahrzehnt nach Kriegsende." Die Weimarer Republik war weniger demokratisch, als man denkt." So erinnert sich Hilde Domin.

Als Hilde Löwenstein noch sehr klein war, ängstigte sie sich, dass sie vielleicht ein adoptiertes Kind sei und sie stellte mit großer Beruhigung fest, dass sie beiden Eltern ähnlich sehe. Obwohl beide völlig verschieden aussahen. Später, als ihr Vater gestorben war, sah sie sich im Spiegel an und sah ihren Vater, das geschah auch 1951, als ihre Mutter starb, es gab Tage, da sah ihr die Mutter aus dem Spiegel entgegen. Sie hatte eine Kindheit, in der sich ihre Persönlichkeit entfalten konnte. Der Vater zwang sie zu nichts. Sie musste nicht mit ihm spazieren gehen, sie durfte es. Er ging mit ihr schwimmen, nahm sie mit ins Gericht. Sie durfte lesen, soviel sie wollte. Sie las sich durch ganze Reihen durch: Gustav Freytags „Ahnen", Heine, Hermann Hesse, die beiden Manns, die beiden Hauptmanns, die Colette und ein streng verbotenes kleines Buch von dem Soziologen Leopold von Wiese (Glatz 1876 – Köln 1969), dem Vater ihres Bruders Benno.

Hilde bekam nach einigen Kämpfen die Tiere, die sie wollte: Kaninchen und Tauben, die aber im Kinderzimmer stanken, sodass sie verschenkt wurden. Sie durfte in der Eifel Kühe melken und Ziegen hüten.

(Tiere wie Kaninchen, Katzen und Tauben tauchen immer wieder in ihrer Dichtung auf) Später, mit 12 Jahren, als sie aufs Gymnasium ging, das in der Nähe von Vaters Büro lag, ging sie den Weg zusammen mit dem Vater, der ihr von seinen Fällen erzählte. Sie diskutierten die jeweilige Rechtslage oder sprachen über Theaterstücke, die sie zusammen angesehen hatten, oder über ihre Schulaufsätze. Sonntags gingen sie ins Wallraf-Richartz-Museum oder in den Kunstverein. Der Vater brachte ihr bei das Philipp Wouvermann ein holländischer Maler (1619 – 1668) war und weiße Pferde malte und von wem die Reiterstatuen auf der Kölner Brücke sind.

Hilde Löwenstein beendete ihre Schulzeit in der Robe ihres Vaters. Es war an der Feier nach dem Abitur, darin las sie eine Anklageschrift, die gereimt war. Es war die Paraphrase eines Tucholskygedichts und endete auf den alternierenden Refrain: „Ist keine Zeit da und dafür ist Zeit da.

Heute würde man es eine Lehrplankritik nennen. 1982 schrieb sie „Ratschläge für Abiturienten", wo in ähnlicher Weise von Zeit gesprochen wird, Zeit für den andern.

Es wurde viel darüber gelacht, zu viel. Danach war von Zeugnisverweigerung die Rede. Hilde

Domin dazu: „Ich war ganz im Gegensatz zu meinem Vater ein Enfant terrible."

Nach dem Abitur durfte sie in Heidelberg studieren. Natürlich wie ihr Vater Jura, dann durfte sie dieses Studium wieder aufgeben und Volkswirtschaft und Soziologie studieren, Wissenschaften, die die Welt veränderten. Sie durfte eine Arbeitsgemeinschaft mit Studenten und Arbeitern im Wohnzimmer ihrer Eltern abhalten, sie verstanden das zwar nicht, gingen aber aus, um ihr das zu ermöglichen. Hilde Domin in ihren Erinnerungen:

„Mein Vater war das Selbstverständliche, solange das Leben für mich selbstverständlich war. Es gab eine feste Routine, die er bestimmte. Die er aber doch so leise und unauffällig bestimmte, dass man sich keine Rechenschaft gab. Vielleicht bestimmte auch meine Mutter diese Routine, man konnte es manchmal glauben, aber dann war es doch mein Vater, der sie möglich machte und guthieß. Er bewunderte meine Mutter und sagte es auch ganz offen. Es gehörte zu unserem Lebensstil, dass mein Vater hinter meiner Mutter stand und sie in allem unterstützte. Dadurch war sie uns ein wenig näher, wir waren ja auch ihr Beruf. Vielleicht habe ich daher meinen Vater, obwohl doch gerade ich in einem dauernden Gespräch mit ihm stand, nicht richtig zu Gesicht bekommen?"

1932, ein Jahr vor der Machtergreifung Hitlers, verließ Hilde Löwenstein gemeinsam mit Erwin Walter Palm Deutschland. Beide waren ganz junge Studenten, 23 Jahre alt, die sich in Heidelberg während des Studiums kennen und lieben gelernt hatten und die die politische Lage erkannten. Ihr Weg führte sie zunächst nach Rom.

Zum Weiterlesen: fünf Gedichte: „Ziehende Landschaft", „Auf Wolkenbürgschaft", „Unterwegs", „Mit leichtem Gepäck", „Hausschlüssel"

In Rom und in Florenz wohnten sie zuerst zur Untermiete und bereiteten sich auf ihrer beider Studium vor. Wichtig war sich in der italienischen Sprache zu schulen. In diesem ersten Jahr in Rom schrieb sie immer wieder an ihre Eltern, sie könne nicht schlafen, so lange sie noch in Deutschland wären. Längst hatte die Selbstverständlichkeit, von der sie gesprochen hatte, aufgehört, als ihre Eltern flüchteten. An ihrem Silbernen Hochzeitstag machten sie einen Ausflug an die belgische Grenze mit der Straßenbahn. Dann ein kleiner Spaziergang und sie waren draußen. Das war kurz nachdem die jüdischen Rechtsanwälte auf Müllwagen in schimpflicher Weise durch Köln gefahren wurden, wovor ihr Vater bewahrt geblieben war, man hatte ihn gewarnt. Das geschah 1933 kurz nach dem Austreten Deutschlands aus dem Völkerbund, an den ihr Vater glaubte. Damals begann für ihren Vater das Leben ohne Beruf, in einem Mietzimmer mit ihrer Mutter, ein tägliches Examen im Unnützsein, das ihn fast an den Rand des Selbstmordes brachte.

1935 schlossen Hilde Löwenstein und Erwin Walter Palm ihre Studien mit dem Doktorexamen in Florenz an der Universität ab. Sie über die Staatsgeschichte der Renaissance: Über „Pontanus einem Vorläufer des Macchiavelli", Walter Palm promovierte über Ovid.

Die Arbeiten schrieben sie noch auf deutsch tagsüber, über Nacht wurden sie von einer italienischen Übersetzerin zusammen mit Hilde Löwenstein ins Italienische gebracht. Hilde Löwenstein und Walter Palm begriffen dabei zum ersten Mal, wie großartig und vertrackt und unübersetzbar die deutschen Abstrakta sind, und wie sie umgedacht werden mussten ins Konkrete. Draußen vor dem Haus zogen währenddessen die geheim-mobilisierten Soldaten durch die Straßen gegen Deutschland, wie es zunächst schien. Beide hofften, noch vor ihrer dann fälligen Flucht den Doktortitel zu schaffen, was ihnen ja auch gelang, denn sie konnten aufatmen, es war nur der abessinische Krieg, vorläufig zumindest.

1936 heirateten Hilde und Erwin Walter Palm nach italienischem Recht, in dem die Frau fast nur Pflichten und der Mann fast nur Ansprüche hat. Das war im Konservatorenpalast auf dem Kapitol, der Standesbeamte hatte die Trikolore um den Bauch gewickelt und schloss den Katalog ihrer künftigen Pflichten mit den Worten: „Hiermit erkläre ich Sie zu Mann und Frau" und dem Nachsatz und: „Die Kinder werden geimpft." Natürlich in Italienisch. „Woraus man sehen kann, was die Sprache tut, denn im Deutschen wäre dergleichen unvorstellbar", so Hilde Domin dazu. Das war im Oktober 1936, einem Jahr, von dem ab für die Palms alles rapide schlechter wurde. Nach ihrer Heirat wohnten sie in einer sehr außergewöhnlichen Wohnung. Es war ihre erste Wohnung überhaupt, die sie leer mieteten und einen Vertrag unterschrieben. Einen Mietvertrag, der ihnen fast so unheimlich war, wie ihre Heirat selbst.

Sie zogen in die Wohnung der berühmten Eleonora Duse (Tragödin). In den obersten Stock des höchsten Hauses der Via Monte Tarpeo. Es war die Hälfte der ehemals großen Wohnung, die die Duse ganz bewohnt hatte.

Die schönere Hälfte mit Blick auf den Palatin. Ein hundertjähriger Glyzinienbaum rankte sich hoch bis zur dazugehörigen schmalen Terrasse. An die Duse erinnerte die sechsteilige verstellbare Spiegelwand, sie soll sie zu Proben benutzt haben und unten im Hausflur war eine Marmortafel, die an sie erinnerte.

Exkurs

Eleonora Duse, italienische Schauspielerin geb. 1859 in Vigevano, 1924 gestorben in den USA. Eine Tragödin harmonischer, elementarmimischer und vergeistigender Kraft. Eine ihrer Glanzrollen war die Francesca da Rimini. Sie weigerte sich im faschistischen Italien zu spielen und ging deshalb nach Pittsburgh USA.

Die Wohnung richteten die Palms mit Möbeln vom Flohmarkt, dem „Campo die Fiori" ein und von den umliegenden Althändlern. Im Parterre des Hauses wohnte der „Russische Mallarmé" Wjatscheslaw Iwanow (einer der damals berühmtesten lebenden Dichter) mit seiner lebenslangen Assistentin, einer Frau, die alles konnte, alles wusste, in ihr konnte man nachschlagen wie in einem Lexikon und mit seiner Tochter einer schlaksigen Pianistin. Zwischen ihnen und den Palms ergab sich eine Bekanntschaft mit Lesungen, Diskussionen und

Teetrinken. Durch einen Krankheitsfall lernten die Palms eine russische Hilfsbereitschaft kennen, die mit keiner Hilfsbereitschaft zu vergleichen ist, die sie je im Leben von Freunden erfahren haben.

Nach ihrer Heirat lebten sie wortwörtlich von der Sprache: vom Sprachunterricht, den Hilde Palm von 8 Uhr 30 bis 20 Uhr 30, nur von einer kleinen Mittagspause unterbrochen, gab. Morgens außer Haus, mittags im Haus. Deutschunterricht, denn immer mehr Italiener lernten deutsch, je übler die politische Lage wurde. Er wurde stundenweise erteilt und schlecht bezahlt. Zwar hatte ihr die Universität Florenz eine bescheidene Dozentur angeboten, aber sie hatten es vorgezogen in Rom zu leben, da dort das Arbeitsfeld der klassischen Archäologie ihres Mannes lag. Außerdem wollte sie ihrem Mann bei den Übersetzungen seiner wissenschaftlichen und überwiegend literarischen Texte vom italienischen ins Deutsche, sowie seiner französischen Texte religionswissenschaftlicher Art ins Italienische helfen, was vorrangig war. Veröffentlichungen waren dank der Achse Mussolini-Hitler in der Zeit nicht mehr möglich, auch nicht in der Schweiz.

Zum Weiterlesen: neun Gedichte (Liebes- und Rosengedichte) „Französischer Gobelin",

„Im Tor schon", „Mein Geschlecht zittert",
„Dein Mund auf meinem", „Frage", „Wie trag
ichs", „Vor Tag", „Nur eine Rose als Stütze",
„Fürchte dich nicht"

Hilde und Walter Palm wussten kurz vor 1939,
dass ihr Aufenthalt in Italien nicht mehr von
Dauer war, so bereiteten sie sich auf das Engli-
sche vor, durch die Lektüre von Keats, Shelley
und Swinsburne. Gedichte lesend und vorle-
send haben sie sich jeweils in der fremden
Sprache heimisch gemacht und Hilde Domin
meint rückblickend dazu:
„Gedichte lesend verbringt man die Abende,
auch in Armut und Verfolgung sehr glücklich."
Ihre Eltern, die damals das Glück hatten, da sie
alt waren, in England 1939 aufgenommen zu
werden, denn nur Alten und Kindern erlaubte
man die Einreise, schickten ihnen englische
Bücher und ein Visum, das einem Wunder
gleichkam. Als sie kurz vor Kriegsausbruch ihre
Wohnung auflösten, die Packer die Möbel
hinaustrugen und die schweren Bücherkisten,
die nach England geschickt wurden, wofür der
Erlös des elterlichen Silbers und Porzellans
gerade ausreichte, welches ihnen zur Hochzeit
zugedacht worden war, endete für sie in Rom
eine glückliche Zeit, aus der sie ununterbrochen
aufgeschreckt und aufgejagt wurden.

Als sie 1939 ihren Vater in England wiedersah, erschien er ihr genauso zuverlässig und korrekt wie immer. Aber er fühlte sich verloren, in einem dauernden Anklagezustand vor sich selbst. Er ließ sich das zwar nicht anmerken, war sehr still, sehr hilfsbereit und bemühte sich um ein fehlerfreies Englisch.

Er hatte für seine Tochter und Schwiegersohn ein großes und helles Zimmer gemietet und gab ihnen täglich das Geld, damit sie ins Museum fahren und in einem Lions essen gehen konnten. Hilde Domin dazu:

„Meine Eltern schickten uns zu unserem Trost, damit wir uns eingewöhnten, italienische Bilder ansehen, wozu die Nationalgalerie ja sehr geeignet war, während sie selber, wir alle, äußerst eingeschränkt lebten."

Dieser liebevoll besorgte Vater bezahlte ihnen nicht nur ihre zweite unfreiwillige Auswanderung von Italien nach England, denn die Palms waren ja mittellos, er bezahlte ihnen später auch noch ihre Dritte in die Dominikanische Republik 1940 und teilte mit ihnen wortwörtlich sein letztes Geld, wenig wie es schon war, damit sie nicht pfenniglos an Land gehen mussten.

Hilde Domin, aus: „Mein Vater, wie ich ihn erinnere":

„Die Verarmung war einer der Aspekte der „permanenten Emigration", der kontinentweiten Flucht vor Hitler.

All dies passte in das Bild, das ich von meinem Vater hatte, und wunderte mich eigentlich kaum. Mich hätte gewundert, wenn er es nicht getan hätte. Dabei ist es nicht ganz richtig zu sagen: „Mein Vater tat es." Ebenso könnte ich sagen: „Meine Mutter tat es." Sie waren untrennbar. Bei ihrem Temperament und ihrer Fantasie, ihrer militanten Opferbereitschaft, war sie es, von der die Impulse kamen. Was mich wunderte und aufregte – und es ist auf Jahre hinaus die erregendste Erinnerung an meinen Vater geblieben -: Am Tag des Kriegsausbruchs, oder am Tag nach dem Kriegsausbruch (wir waren in einem kleinen Ort am Bristol Chanel, hatten, sie und wir, jeder ein Zimmer in einem kleinen Boardinghouse), da war ich zufällig einen Augenblick allein mit meinem Vater. Es war im Zimmer der Eltern. Plötzlich umarmte er mich, schluchzend zog er mich an sich, und wir lagen auf seinem Bett: Ich fühlte seinen Körper, wie er bebte vor Weinen. Nie zuvor hatte mein Vater mich überhaupt umarmt.

Und nie zuvor – so schien es mir und so scheint es mir noch – hatte ich ihn weinen sehen. Er weinte meinetwegen. Weil er mich nicht beschützen konnte.

„Ich kenne ihn gar nicht", dachte ich, als ich in seinen Armen lag. „Er ist jemand ganz anderes." Einen Augenblick lang regte es mich mehr auf als der Krieg, oder doch mindestens so sehr …

…Ein Jahr später war er schon tot. Am Tag unserer Abfahrt nach Südamerika war er verhaftet worden, als Deutscher. Als die Angst vor der 5. Kolonne stieg, war der Ausweis „Refuge from Nazi oppression" (Anmerkung der Autorin: Flüchtling wegen Naziunterdrückung) auf einmal wertlos. Er kam in ein Lager, musste im Freien auf Bänken schlafen, ein sehr alter Mann. Immerhin, es war Sommer. Er wurde freigelassen, als sein Visum kam, er hatte auf einer Warteliste gestanden und durfte mit meiner Mutter nach New York fahren. Ich habe ihn nie wieder gesehen. Eines Tages kam ein Bekannter zu mir und sagte mit unbehaglicher Stimme: „Haben Sie von Ihrem Vater gehört?" Ich hatte gerade einen Brief von ihm auf dem Tisch, die Briefe gingen eine Woche. Er war schon tot. In dem Brief standen bibliografische Angaben, die er für die Arbeit meines Mannes in der New York Public Library herausgeschrieben hatte. Wie ich später erzählt bekam, soll er sich bemüht haben, mit der Krankenschwester bis zur letzten Minute ein fehlerfreies Englisch zu sprechen. Dabei war er, bei aller Intelligenz, ganz unbegabt für Sprachen. Er hat kein Grab. Darüber kann ich nicht sprechen."

Später entstand das Gedicht: „Exil" meinem Vater.
Der sterbende Mund
müht sich
um das richtig gesprochen Wort
einer fremden Sprache.

In England lebten die Palms dreisprachig. Privat sprachen sie italienisch, es war so gut wie ein Geheimcode, mit ihren Eltern deutsch und im Übrigen bemühten sie sich untereinander in der Öffentlichkeit um das Englische. Ganz wie man auch von den Emigranten verlangte, dass sie alle sonstigen Sitten aufs konventionellste befolgten, bis hin zu der Anweisung, dass der Regenschirm mit der Spitze nach vorn getragen wird und das bei jedem Wetter! Nie und nirgends wurden sie so in ein Sprachkorsett gezwängt: nicht von Engländern übrigens, von Schicksalsgenossen, die eine Art Regierung über die Neuankömmlinge ausübten.
1939 nach Kriegsbeginn wurde Hilde Palm Sprachlehrerin für Diplomatenkinder an einem College in Somerset in den Fächern Englisch,

Französisch und Italienisch oder auch Latein. Diesen Beruf übte sie nur kurz aus, denn 1940 befand sie sich mit ihrem Mann im untersten Deck eines kleinen Dampfers, unterwegs über den Atlantik, versehen mit Hilfsmitteln um Spanisch zu lernen, einer englisch-spanischen Grammatik. Während der Fahrt wurde ihr Englisch um die Terminologie der Rettungsübungen, des täglichen „Bootsdrills" bereichert. Erschütternd war es für sie, dass das Schwesterschiff der kanadischen Schifffahrtslinie mit vielen Schicksalsgenossen auf dieser Fahrt versenkt wurde.

Bei der Ankunft auf Jamaica gerieten sie fast in Lebensgefahr durch die Bemerkung „For transshipment" in ihrem Pass, das vom Polizeioffizier so ausgelegt wurde, das hier nur ein Umsteigen auf dem Wasser gemeint war, ohne das der Fuß aufs Land gesetzt werde. Er war bereit, das Ehepaar Palm per Motorboot zum am nächsten Tag durchkommenden Wasserflugzeug nach Kuba bringen zu lassen, vorausgesetzt, dass es Platz hätte. Aber das hatte es nicht! So wurden sie von Polizisten mit Gummiknüppeln rund um die Uhr bewacht, sie sahen einem Schicksal entgegen, wie es dann später die Vietnamflüchtlinge hatten, was damals keineswegs selten war für deutsche Emigranten. Dann geschah das Wunder: Der rettende Bote des Gouverneurs erschien und sie durften an Land gehen.

So kamen Hilde und Walter Palm auf ihrer dritten Station ihres Auswanderns, in der Hauptstadt Santo Domingo in der Dominikanischen Republik an, einem Staat der Westindischen Inseln. Dessen Staatsgebiet umfasst den östlichen Teil der Antilleninsel Hispaniola und grenzt im Westen an Haiti. Die Hauptsprache war Spanisch. 12 Jahre werden sie dort verbringen!

Zum Weiterlesen: zwei Gedichte: „Apfelbaum und Olive" nach der Rückkehr 1955/56 in München geschrieben „Wo steht unser Mandelbaum" eine Erinnerung an den Mandelbaum in Köln in der Riehlerstraße

Sie mussten sich also entscheiden, sprachen sie nun italienisch oder deutsch miteinander, sie entschieden sich natürlich für Deutsch. Dazu hatten sie enge Kontakte zu dominikanischen und spanischen Intellektuellen und Künstlern. Erwin Walter Palm begann mit archäologischen Vorlesungen an der Universität Santo Domingo schon wenige Monate nach dem sie gelandet waren. Hilde Palm half ihrem Mann in allen den Jahren des Exils bei den Vorbereitungen und Übersetzungen bis zur Berufung von ihm an die Universität Heidelberg 1960!

Jede Stunde, die er als Vorlesung gab, musste schriftlich vorbereitet werden, allein das Sprachliche kostete pro Stunde sprechen etwa 20 Stunden Vorbereitung. Die Frau des späteren spanischen Kulturattachés in Washington damals Professor an der Universität Santo Domingo hatte endlose Geduld mit Hilde Palm den Text durchzuarbeiten. Die italienischen Arbeiten, die sie in Englische gebracht hatte, mussten nun ins Spanische übersetzt werden, um mittelbar zu sein. E. W. Palm begann, kontinentweit spanisch zu veröffentlichen. Brillante spanische Intellektuelle waren bereit, das mit ihr durchzuarbeiten, bis es endlich kaum mehr der Mitarbeit bedurfte.

1948 wurde dann ein Lehrstuhl für Deutsch geschaffen, ein Lektorat, welches sie bekam. Ihre Studenten waren hauptsächlich Professoren, wenige, weil Deutschland nach Kriegsende noch nicht wieder auf der Landkarte lag. Wer Heidegger zu lesen hoffte, der begann bei ihr mit Deutsch.

Sie wohnten in einem gemieteten Haus, weit draußen von der Innenstadt entfernt, mit Terrasse und Garten, nicht weit zum Meer, sodass Hilde Palm zu Fuß zum Schwimmen dort hingelangte, direkt durch die Küchentür im Badeanzug.

1951 starb Hilde Palms Mutter, ein tiefer Einschnitt in ihr Dasein. Sie kam dadurch an eine Grenze, die ihr die Sprache ganz plötzlich bewusst machte, der sie so lange gedient hatte. Sie wusste, was ein Wort ist! Sie befreite sich durch Sprache! Hilde Domin dazu:

„Hätte ich mich nicht befreit, ich lebte nicht mehr!"

Sie schrieb Gedichte, ganz plötzlich begann sie im November 1951 und sie schrieb sie in Deutsch, natürlich! Sie klangen so!

Andere Geburt

Mutter dein Tod
ist unsere zweite Geburt
nackter hilfloser
als die erste

Weil du nicht da bist
und uns nicht in den Arm nimmst um
uns vor uns selber
zu trösten

Worte

Worte sind reife Granatäpfel,

64

sie fallen zur Erde
und öffnen sich.
Es wird alles Innre nach außen gekehrt,
die Frucht stellt ihr Geheimnis bloß
und zeigt ihren Samen,
ein neues Geheimnis.

Kaum waren diese entstanden, so übersetzte sie sie in Spanische, um zu sehen, was sie als Texte aushielten. Veröffentlichen war damals keine Frage, schreiben war Rettung! Sie war 42 Jahre alt, als ihr Leben wie von selbst zur Vorgeschichte wurde für das zweite Leben, das sie seither führte. Von den Gedichten, die sie vor ihrer Rückkehr 1954 schrieb, ist nur ein kleiner Teil veröffentlicht worden. Das Wichtigste davon ist „Wen es trifft", dass letzte Gedicht, welches sie vor der Rückkehr schrieb. Es ist rückblickend gesehen ein Aufruf zur Enthaltung von Unrecht, von Mitläufertum. Sie kam als Ruferin zurück! Wie sollte sie sich aber als Schriftstellerin nennen? Einer riet ihr, nennen sie sich doch nach dem Namen ihrer Insel, abgeleitet von San Domingo: Hilde Domin.

Landen dürfen

Ich nannte mich

ich selber rief mich
mit dem Namen einer Insel.

Es ist der Name eines Sonntags
einer geträumten Insel.
Kolumbus erfand die Insel
an einem Weihnachtssonntag.

Sie war eine Küste
etwas zum Landen
man kann sie betreten
die Nachtigallen singen an Weihnachten dort.

Nennen Sie sich, sagte einer
als ich in Europa an Land ging,
mit dem Namen Ihrer Insel.

Diesen Eintritt in ihr neues Leben formulierte
sie so: „Ich stand auf und ging heim in das
Wort. Ich richtete mir ein Zimmer ein in der
Luft, unter den Akrobaten und Vögeln, von wo
ich unvertreibbar bin. Das Wort aber war das
deutsche Wort. Deswegen fuhr ich zurück über
das Meer, dahin wo das Wort lebt. Die Freude,
frei sagen zu können, was ich will, wie ich es
will, frei zu atmen und den Sprachduktus in
Übereinstimmung mit der eigenen Atemfüh-

rung zu spüren, das ist eine der Hauptfreuden beim Wieder-Zuhause-Sein, für einen Autor."

1954 kam das Ehepaar Palm nach Deutschland zurück. Ihre erste Stationen waren Hamburg, Berlin, Köln und Frankfurt, wo sie im Gesamten einen Monat verbrachten. Im April war München ihr vorläufiges Reiseziel, da ihr Bruder dort lebte, den sie 22 Jahre nicht gesehen hatte, fast noch Schulkinder waren sie damals. Nun standen sie sich schüchtern gegenüber, was hatten sie sich wohl im ersten Wiedersehen gesagt? Etwas hat Hilde Domin nicht vergessen, wie sie anschließend zwischen Mann und Bruder im Auto saß, die beide zu ihr gehörten, die offene Flanke gegen die Welt geschützt. Es war für sie ein ganz neues Lebensgefühl, so aufregend mindestens wie die Landung in Bremerhaven. München blieb für fast ein Jahr ihr fester Punkt. Sie wohnten in einem Zimmer in der Amalienstraße in der Nähe der Universität, das der Bruder für sie gemietet hatte. Von dort aus fuhren sie durch ganz Süddeutschland, denn sie hatten ja sehr jung das Land verlassen, wollten nun alles kennen lernen. Es war noch alles sehr zerstört:

„Die Schnäbel der Krane ragen über unseren Städten, eiserne Störche, die Nester für Menschen errichten" so heißt es in dem Gedicht „Vorsichtige Hoffnung". Das München eines der drei Zentren des Lebens in Deutschland für die Palms wurde, lag auch daran, dass Klaus Piper das erste Buch Erwin Walter Palms „Rose aus Asche" veröffentlichte. Übertragungen spanischer und spanisch-amerikanischer Lyrik seit 1900 in der 1946 gegründeten Piper-Bücherei. Als dieses Buch 1955 erschien und einen großen Widerhall hatte, war es ein Willkommen besonderer Art für die Zurückgekehrten. Diese Gedichte hatte E. W. Palm aus reiner Freude an der Arbeit innerhalb von 12 Jahren übersetzt, nur für sie Beide, diese Schubladengedichte wurden plötzlich gebraucht, ja gesucht, sogar vom NWDR. Sie verwandelten sich damals konkret in Mittagessen und bequemes Wohnen, denn sie waren ja zu zweit auf das für einen gemeinte Stipendium des „Deutschen Akademischen Austausch Dienstes" gekommen. Das Aufregende für Hilde Domin war, jemand wollte diese Gedichte hören, jemand außer ihnen beiden. Sie betreute die Drucklegung dieses Lyrikbuches, während ihr Mann auf kunsthistorischen Vortragsreisen in Norddeutschland, Holland und Belgien war. Inzwischen war ihr wegen der vielen Telefonate bis zum Erscheinen des Buches, von ihrer Vermieterin das Zimmer gekündigt worden, zumal das Telefon im Esszimmer der Vermieterin stand. So hauste sie bei den Bergolds. Er war Dramaturg der Kammerspiele in München und sehr aktiv.

So las sie die Bühnenmanuskripte „Besuch der alten Dame" von Dürrenmatt, das er uraufführen lies, Peter Hacks „Eröffnung des indischen Zeitalters" und Max Frischs „Stiller". Und wurde so eingeweiht in die persönlichen Affairen der neuen deutschen Literaten und sie traf sich im Café mit Ingeborg Bachmann.

Von 1957 bis Februar 1959 wurde nun Frankfurt die zweite Stadt der Palms. Dort startete1959 unter ähnlich glücklichen Umständen Hilde Domins eigenes erstes Buch „Nur eine Rose als Stütze" im Fischer Verlag.

In dieser Zeit fiel ihr Besuch bei Hermann Hesse.

Zum Weiterlesen: „Besuch bei Hermann Hesse"

1960 im Herbst wurde Erwin Walter Palm ein Lehrstuhl für iberische und iberoamerikanische Kunst- und Kulturgeschichte in Heidelberg angeboten und so zogen das Ehepaar Palm in ihre ehemalige Universitätsstadt.

Es sind also diese drei deutschen Städte München, Frankfurt und Heidelberg, die eine besondere Bedeutung für Hilde Domin gewonnen haben.

„Köln zählt sie nicht dazu, Köln ist die Stadt meiner Kindheit, in Köln kann ich noch meinen Eltern auf der Straße begegnen, in Köln spricht man Kölsch, es ist nicht ganz wirklich für mich, hat den Traumcharakter nie ganz verloren. Lebte ich dort, es wäre anders. Schon die Fahrt den Rhein hinunter auf Köln zu ist für mich nicht wie andere Fahrten", so Hilde Domin dazu.

Köln

Die versunkene Stadt
für mich
allein
versunken.

Ich schwimme
in diesen Straßen.
Andere gehn.

Die alten Häuser
haben neue große Türen
aus Glas.

Die Toten und ich
wir schwimmen
durch die neuen Türen
unserer alten Häuser.

Im Februar 1961 zogen die Palms in die Wohnung Haimsbachweg 8 in Heidelberg. Ihre 10 000 Bücher, die immer mitgewandert waren und in Santo Domingo in Zinkkisten eingelagert waren, um sie bei der vorhergesehenen langen Abwesenheit vor Termiten und Feuchtigkeit zu schützen, treffen nun in Heidelberg ein.

Die nächsten Jahre sind ausgefüllt mit der Aufnahme von literarischen Kontakten. Gedichte erscheinen in „Akzente" und der „Neuen Rundschau". Lyrik und Prosa werden kontinuierlich veröffentlicht, ihre Essays erscheinen in Zeitschriften und Zeitungen und im Januar 1961 schließt Hilde Domin die erste Fassung des Romans „Das zweite Paradies" in Madrid ab. Es erzählt die Geschichte eines Paares im Widerstand gegen die Zerstörung der eigenen Identität durch die furchtbare Wirklichkeit von Exil und Verfolgung. Es geht um die beiden großen Themen Liebe und Heimat. Der Vertreibung aus dem unkündbaren Zuhause, dem Paradies, begegnet die menschliche Hoffnung mit der Suche nach dem zweiten Garten Eden."

Zwischen 1945 und 1954 verbrachten die Palms viele längere Aufenthalte in USA, aus dieser Zeit stammen wohl die Eindrücke dieser Gedichte:

Zum Weiterlesen: fünf Gedichte „Aufbruch ohne Gewicht", „Rücken", „Notrufer", „Versöhnung", „Bau mir ein Haus"

Im April 1961 hatte Hilde Domin ihre erste öffentliche Lesung in ihrer Heimatstadt Köln im „Stadtkölnischen Museum" und im November 1961 in den Kammerspielen Heidelberg.
Es war ihr Gegengewicht zum Schreiben, ab 1962 regelmäßige Lesungen und Vorträge an Universitäten, Volkshochschulen, in Buchhandlungen und beim Rundfunk zu halten. Nach Abendlesungen kamen vormittags Interpretationsübungen in Gymnasien, Realschulen und Hauptschulen und die Schüler hörten ihr mit Aufmerksamkeit und Begeisterung zu. In den 70er Jahren verbrachte sie dreimal je ein halbes Jahr in Mexiko mit ihrem Mann, der dort beruflich zu tun hatte.
Seit Anfang 1976 las Hilde Domin regelmäßig in Haftanstalten in Nordrhein-Westfalen unter dem Begriff „Mit Worten unterwegs – Autoren lesen für Inhaftierte". Das führte einmal sogar dazu, dass sie sich für eine Inhaftierte für ein erneutes Gnadengesuch einsetzte, was auch glückte, zumal dieser Fall unnötig in die Länge gezogen wurde und das auf Kosten des Steuer-

zahlers. Hier kam die Rechtsanwaltstochter Hilde Domin zum Tragen.

Dann erhielt sie für das Wintersemester 1987/88 eine Stiftungsgastdozentur für Poetik an der Johann-Wolfgang-Goethe-Universität in Frankfurt am Main.

1988 starb Erwin Walter Palm mit fast 80 Jahren. Im Wintersemester 1988/89 mit fast 80 Jahren erhielt sie nochmals eine Poetik-Dozentur an der Universität Mainz.

1990 führte sie eine Lesereise in die neuen Bundesländer. Jena, Weimar, Eisenach, Leipzig und Dresden.

Viele Auszeichnungen erhielt Hilde Domin:

Ida Dehmel Preis 1968, den Droste Preis 1971, die Heine Plakette 72, den Literaturpreis der Stadt Gandersheim und den Rainer-Maria-Rilke-Preis für Lyrik 1976, das Bundesverdienstkreuz erster Klasse und viele mehr. Einer der Schönsten war wohl, als Ehrengast 1985 in der Villa Massimo in Rom zu sein. Noch einmal durchstreifte sie mit ihrem Mann diese Stadt ihrer frühen Erinnerungen, wo ihre Odyssee begann, die sie durch die ganze Welt trug, bis sie zu ihren Wurzeln nach Heidelberg zurückkehrten, wo sie bis Februar 2006 lebte. Sie starb dort mit fast 97 Jahren am 22. Februar 2006.

Zum Weiterlesen: sechs Gedichte „Die schwersten Wege", „Es gibt dich", „Versprechen an eine Taube", „Das goldene Seil", „Im Regen geschrieben", „Schöner"

Lebensbild der Dichterin Mascha Kaléko
(1907 – 1975)
Mit Verweisen auf Lyrik und Prosa von
Mascha Kaléko zum Weiterlesen.

Mascha Kaléko

Mascha Kaléko wurde am 7. Juni 1907 in
Schidlow in Westgalizien am Rande der ehema-
ligen Donaumonarchie geboren. Heute ist
Schidlow polnisch und heißt Chrzanow! Es
liegt fünfzig Kilometer westlich von Krakau
nahe am ehemaligen Dreiländereck: Russland-
Österreich-Preußen.
Ihr Vater Fischel Engel hatte den damaligen
Grenzen zufolge die russische Staatsangehörig-
keit, ihre Mutter Rozalia Chaja Reisel Aufen die
Österreichische.
Der Geburtsschein besagt, dass Mascha als
Golda Malka, das erste Kind von Chaja Aufen
und dem Kaufmann Fischel Engel angemeldet
wurde. Erst später wurde aus Malka Mascha.
Mascha Kaléko hat später ihre galizische Her-
kunft in ihrer eigenen Lebensdarstellung stark
retuschiert, die uneheliche Geburt nicht er-
wähnt. Die Eltern heirateten erst als sie 15
Jahre alt war. Aus Galizien stammte man nicht,
ohne das Naserümpfen sämtlicher Westeuro-

päer zu riskieren. Denn jüdischer Herkunft zu sein und dazu aus Galizien zu stammen, das bedeutete Emigrantenschicksal von Kindheit an.

Die Armut in Galizien, die bereits seit Ende des 18. Jahrhunderts bedrohlich war, nahm während des ausgehenden 19. Jahrhunderts noch zu und die Armut der jüdischen Bevölkerung übertraf noch die der anderen Bewohner.

Die Familie Aufen/Engel gehörte noch zu den „Wohlhabenderen", denn Mascha erinnert sich an eine Amme und an Hausangestellte.

Zwei Jahre nach ihr, 1909 wurde die Schwester Lea geboren, doch zwischen diesen beiden Geschwistern bestand wenig Sympathie.

1914 flüchtete die Familie nach Deutschland, was wohl mit dem Ausbruch des Ersten Weltkriegs zu tun hatte. Es verschlug sie nach Marburg an der Lahn und nach Frankfurt.

Der Vater wurde als Russe interniert! So entstand für Mascha durch Heimatlosigkeit gepaart mit Vaterlosigkeit das lebenslängliche Gefühl von Verlorenheit.

Der Vater war nach seiner Inhaftierung beruflich viel unterwegs. Er war in den jüdischen Gemeinden für die Befolgung der Speisegesetze zuständig.

Mascha fühlte sich mehr zum Vater wie zur Mutter hingezogen. Er war ein lieber, gütiger

Mann, dem aber alles im Leben missriet und der die Armut von seiner Familie nicht fernhalten konnte. Bei Mascha blieb das Verlangen nach väterlichem Schutz, die Sehnsucht nach Bindung und Führung stark ausgeprägt.

Ihren Vater hatte sie zum „Weisen" stilisiert, zur großen Leitfigur ernannt. Schon in der Schulzeit fiel sie als sehr begabt auf und sie hat dieselbe wohl mit der mittleren Reife 16-Jährig verlassen.

1923 zogen ihre Eltern nach Berlin. Ihr Drang sich zu assimilieren war groß. Mascha hörte sich in die Berliner Mundart ein und bald berlinerte sie selber, entwickelte ein feines Gespür für die Mentalität der Menschen, besonders der Einfachen mit ihren alltäglichen Sorgen und kleinen Freuden, die auch die ihren waren.

Wenn einen die Mundart nicht mehr unterscheidet von den Menschen, unter denen man lebt, dann wird man einer von ihnen. So kam es, dass die ersten Gedichte keine hochdeutschen, sondern rein „berlinernde" waren.

Im Berlin der Zwanziger Jahre fand sie eine scheinbare Heimat, es wurde auch die Stadt, die sie prägte.

Noch ahnte sie nicht, wie kurz diese leuchtenden Jahre vor der „großen Verdunkelung" bis 1933 für sie waren.

Sie gehörte zum Kreis der schöpferischen Boheme, die sich Ende der Zwanziger Jahre und Anfang der Dreißiger Jahre, das „Romanische Café" zum Treffpunkt erkoren. Maler, Schauspieler und Literaten wie Tucholsky, Ringelnatz, Klabund, Else Lasker-Schüler, Kästner und Walter Mehring saßen hier.

Dichteten und diskutierten, träumten von einer besseren Welt, bis die meisten von ihnen in die Emigration gingen, in die äußere oder innere!

1929 werden die ersten zwei Gedichte Maschas im „Querschnitt" einer damaligen Zeitschrift veröffentlicht. Dadurch wurde Monty Jacobs, einer der besten Köpfe des deutschen Feuilletons auf das junge Talent (22 Jahre) aufmerksam und veröffentlichte ihre Verse in der berühmten „Vossischen Zeitung".

Sie war 23 Jahre und wurde übernacht als Lyrikerin für die Berliner ein Begriff. „Die Mascha" sagte man nur und wusste, wer sie war.

Sie schrieb Zeitungsgedichte: „Vom Alltag für den Alltag", und diese Art pointensicherer Großstadtlyrik liebte man in den 30ern ganz besonders. Das Zeitungsgedicht stand gegen das übrige Feuilleton und Lokales, das war seine Funktion.

Im Januar 33, als schon die Signale gesetzt wurden, die ihr Leben in die Emigration zwingen sollten, erschien ihr erstes Buch „Das lyrische Stenogrammheft", das es heute noch zu kaufen gibt! Die Gedichte sind Stenogramme aus dem Berliner Alltag, deren Reiz in der Vereinigung von Lyrik und Spott, von Gefühl und Ironie liegt. Sie haben den vorschnellen Berliner Witz und die Trauer und Weisheit aus dem jüdischen Osten. Sie eroberten sich die Herzen der Leser.

Zum Weiterlesen: fünf Gedichte aus „Das lyrische Stenogrammheft": „Piefkes Frühlingserwachen", „Frühling in Berlin", „Juli an der Gedächtniskirche", „Sehnsucht nach einer kleinen Stadt", „Kinder reicher Leute"

Mascha Kaléko wird von der Woge des Erfolgs getragen. Die erste Auflage ihres ersten Buches ist bald vergriffen. Ernst Rowohlt druckt die Zweite und wagt es sogar noch 1935 ihr zweites Buch „Kleines Lesebuch für Große" herauszubringen. Doch als man herausfindet, dass sie Jüdin ist, werden beide Bücher noch in der Druckerei beschlagnahmt. Maschinengeschrieben werden ihre Gedichte weitergereicht!
Ihre Gedichte sind unlösbar Ausdruck ihres persönlichen Lebens und Schicksals. Sie stehen für eine ganze Existenz und wollen so genommen werden, wie sie sind.

Sie bedürfen keiner Analyse und keiner Deutung, sondern möchten für sich in Anspruch nehmen, was der Philosoph Martin Heidegger (1889-1976), der ein großer Verehrer von Mascha Kaléko war, von der Interpretation überhaupt geschrieben hat:

„Der letzte aber auch der schwerste Schritt jeder Auslegung besteht darin, mit ihren Erläuterungen vor dem reinen Dastehen des Gedichts zu verschwinden."

Eines kann man aber zum Stil dieser Gedichte sagen, um sie in einen Stil einzuordnen, sie stehen im Zeichen der „Neuen Sachlichkeit". Man hat sie mit Kästner, Ringelnatz und Tucholsky verglichen, Heine und Brecht bei ihrer Poesie Pate stehen lassen und es doch nicht getroffen.

Die Dichterin ist zeitlebens vollkommen identisch mit sich selbst geblieben und war von keiner modischen Richtung zu verführen. Lieber ließ sie sich altmodisch schimpfen, als dass sie ihr literarisches Mäntelchen nach dem Wind gehängt hätte.

Um so erstaunlicher ist ihr literarischer Erfolg. Nicht nur, dass ihr berufene Männer wie Thomas Mann, Hermann Hesse, Albert Einstein und Alfred Polgar Bewunderung zollten, die Beliebtheit ihrer Gedichte ist sogar in Zahlen messbar. „Das lyrische Stenogrammheft" hat eine Auflage von 100 000 Exemplaren erreicht. Für einen Lyrikband ist das enorm! Zahlen sind weniger abstrakt durch Vergleiche. Nach dem Bulletin des Pen-Zentrums steht an erster Stelle auf der Verkaufsliste deutschsprachiger Gedichte Goethe mit 138 000 Exemplaren in einer Reclamausgabe. Danach kommt gleich Mascha Kalékos „Lyrisches Stenogrammheft."

Das wird natürlich verwundern, denn manchem Leser ist der Name dieser Dichterin noch nie begegnet, zu mindestens war das eine Zeitlang so. Die Erklärung ist aber auf schreckliche Weise einfach:

„Die Rassengesetzgebung des Dritten Reiches verhinderte die Verbreitung ihrer Lyrik über Berlin hinaus. Das alles weißt auf ein deutsch-jüdisches Schicksal und markiert den Sturz ins Vergessenwerden.

Zum Weiterlesen: aus „Kleines Lesebuch für Große" - „Regenabend zu zweien"

Am 31. Juli 1928 heiratete Mascha Engel den Journalisten Dr. Saul Kaléko. Er ist Doktor der Philologie, der Wissenschaft der Erforschung kultureller Entwicklung und Eigenart eines Volkes auf Grundlage seiner Sprache und Literatur, er ist sieben Jahre älter wie sie und arbeitet für die „Jüdische Rundschau", gibt Fernunterricht in Hebräisch. 1935 erschien sein Buch „Hebräisch für Jedermann".

Mascha hatte inzwischen eine Bürolehre abgeschlossen und arbeitete als Kontoristin, dieser sture Beruf ist ihr ein Gräuel. Manches Gedicht zeugt davon! Neben dieser Arbeit und dem Gedichteschreiben belegte sie Abendkurse an der Lessinghochschule und der Friedrich-Wilhelm-Universität in Philosophie und Psychologie. Möglicherweise lernte sie dadurch ihren Mann kennen. Auf jeden Fall endete durch diese Heirat für sie der Frondienst an der Schreibmaschine. Mascha und Saul Kaléko waren zehn Jahre verheiratet.

Sie reiste nach Spanien und Paris, sie las im Rundfunk und trat in einem literarischen Kabarett auf „Kü-Ka" nannte es sich und war neben dem „Romanischen Café" zu finden. Dieses denkwürdige Künstler-Kabarett war so eine Art Talentwiege. Kästner und Werner Fink traten dort auf. Hatte sie auch Glück mit dem Publikum, so starb sie doch allabendlich vor Lampenfieber und Schüchternheit.

Sie schweigt über ihre privaten Veränderungen. Wo lernte sei Chemjo Vinaver kennen? Wann begann die große Liebe zu ihrem zweiten Mann? In einer Tagebuchnotiz aus dem Jahr 1938 heißt es:

„Ich habe mehr gelitten in den letzten Jahren, als es menschenmöglich ist. Ich habe gelitten unter der Lebenslüge, die ich begangen habe, weil ich musste."

Mascha erwartet ein Kind von Chemjo Vinaver, einem Musiker, Musikwissenschaftler und Dirigenten chassidischer Synagogalmusik, der mit einem eigenen Chor auf Konzerttourneen in Deutschland unterwegs war. Auch in Berlin gab er ein Konzert in der jüdischen Gemeinde.

Exkurs: Chassidismus, hebräisch von der „Fromme"

Eine volkstümliche Richtung des Judentums, die die Liebe Gottes betont und eine Verinnerlichung des religiösen Lebens erstrebt. Wurde in Galizien von Israel Ben Elieser begründet.

Saul Kaléko widersetzt sich einer Trennung oder gar Scheidung, als er davon erfährt. Er liebt Mascha bedingungslos, beschört sie, ihn nicht zu verlassen. Er will das Kind wie sein eigenes lieben!

Am 28. Dezember 1930 wird ihr Sohn Evjatar Alexander Michael geboren. Chemjo Vinaver hat alles andere als eine gesicherte Existenz. Die seelische Belastung für sie wird zu groß. Die Angst ums Überleben, bei dem politischen Druck der Nazis und die unhaltbare private

Situation. Schwere Ohnmachtsanfälle stellen sich ein, sie beginnt, an einer Magen- und Gallenerkrankung zu leiden. 1937 verlässt Mascha Kaléko ihren Mann und zieht mit Chemjo Vinaver in eine gemeinsame Wohnung. Im Januar 38 wird ihre Ehe geschieden, wenige Tage darauf heiratet sie Vinaver und im September desselben Jahres emigrieren sie nach New York. Zwanzig Jahre lebten sie in dieser Stadt!

Der kleine Sohn wurde nun Steven genannt und ist nun auch ein Emigrantenkind, wie es die Mutter in seinem Alter war. In einem Gedicht heißt es dazu:

„Du, den ich liebte, lang bevor er war, den Unvernunft und Liebe nur gebar, der blassen Stunden Licht und Himmelslohn, mein kleiner Sohn"

Für ihn entstanden das zauberhafte Buch „Papagei und Mamagei" und das Gedicht „An meinen Schutzengel".

Das Ringen um die bloße Existenz in Amerika war hart! Chemjo Vinaver, der sich sein ganzes Leben mit chassidischer Musik beschäftigte, gründete einen Chor und gab Konzerte. Da er kaum ein Wort englisch sprach, ist seine Frau Mascha ihm als Karrierehelferin, wie er es zu nennen pflegte, unentbehrlich. Das bedeutete, sie musste ihren Mann zu Besprechungen, zu

Proben und zu jedem Konzert begleiten und dolmetschen.

Zum Dichten blieb ihr da wenig Zeit und oft wurde das Glück schöpferischer Äußerung gestört, wie es in dem Gedicht „Die Leistung der Frau in der Kultur" anklingt.

Zum Weiterlesen: drei Gedichte aus „In meinen Träumen läutet es Sturm": „Die Leistung der Frau in der Kultur", „An mein Kind", „An meinen Schutzengel"

Man könnte nun meinen ihr Mann habe ihre Entfaltung verhindert. Auch! Aber willentlich? Bis in ihre letzten Lebenstage, in denen der dichtende Strom versiegte, hat Mascha Kaléko betont, dass ihr Mann sie immer darin bestärkt habe vor allem ihrem dichterischen Impuls zugehorchen ohne Rücksicht auf die Dringlichkeiten des Alltags. 1939 erschienen in der E-migrantenzeitung „Aufbau" einzelne Gedichte und 1945 ihr einziges Buch „Verse für Zeitgenossen" in Amerika. Es war wohl überhaupt der einzige Band deutscher Emigrantenlyrik, der in den USA erschien. Er wurde mit Begeisterung aufgenommen. Sonst war ihre Welt sehr eng geworden.

Zwei Menschen waren ihr ganz wichtig, ihr Mann und ihr kleiner Sohn, der sich prächtig entwickelte. Schon mit zwölf Jahren schrieb er Gedichte. „Ich fühlte, dass dieser Zeitabschnitt - obgleich mein „unproduktiver" - gut für mich ist und mich tief ausfüllt!" äußerte sich Mascha Kaléko dazu.

Was sie jedoch in den ersten Emigrationsjahren dichtete, ist vor allem „Heimweh nach der verlorenen Heimat". Immer wieder stellt sich die Sehnsucht nach Deutschland ein. Kummer und Verzweiflung haben die Sprache härter werden lassen. Der Ernst und die Bitterkeit des aufgezwungenen Schicksals verliehen den Versen mehr Gewicht.

Zum Weiterlesen: vier Gedichte aus „Im Exil": „In dieser Zeit", „Notizen", „Vor dem Spiegel", „Nennen wir es Frühling"
Erzählungen aus „Der Gott der kleinen Webfehler" (1963): „Greenwich Village", „Aus Moishe wird Milton"

„Greenwich Village" war eine Auftragsarbeit für den Norddeutschen Rundfunk, 1963 in der Sammlung „Beschreibung einer Stadt" wurde sie veröffentlicht und in der Zeitschrift „Der Monat" abgedruckt. Es sind Versuche die Umwelt zu beschreiben, die Aufenthalt werden sollte innerhalb einer Heimatlosigkeit.

Noch härter als die Emigration in die USA, wirkte sich 1966 die „Heimkehr ins Land der Väter" nach Israel aus. Sie setzte die Dichterin endgültig gnadenloser Isolierung aus.

Mascha Kaléko war Jerusalems unbekannteste Dichterin, ein Rang, den vor ihr schon Else Lasker-Schüler innehatte.

Was sich für sie als Dichterin schon in New York und jetzt auch in Jerusalem bemerkbar machte, ihr fehlte ihr Publikum, das ihre Sprache sprach. Es ist ein unheilbarer Bruch im Leben eines Dichters im Exil. Musiker, bildende Künstler und Wissenschaftler können auch in fremden Ländern wirken, Dichter nicht. Ihnen ist die Grundlage ihrer Arbeit, die Kultur und Tradition entzogen worden.

Während in Europa seit 1956 die Verkaufszahlen ihrer inzwischen wieder aufgelegten Bücher, oder auch der neuerschienenen wie „Das himmelgraue Poesiealbum", in die Höhe kletterten, nahm die Einsamkeit der Dichterin in Israel zu. Mascha Kaléko blieb dort fremd!

Sie war ja ausschließlich ihrem Mann zuliebe mit nach Jerusalem gegangen. Er konnte sein Lebenswerk, was ihr besonders am Herzen lag, eine vollständige Anthologie der chassidischen Synagogalmusik, nur dort vollenden. Für ihn bot diese Stadt mit seiner Vielfalt an Synagogen, auf musikalischem Gebiet ein wahres

Babylon aller chassidischen Richtungen, um sie wissenschaftlich auszuwerten und einzuordnen.

Einmal im Jahr, meist im Sommer, um der heißen Jahreszeit in Israel zu entgehen, reiste die Dichterin nach Europa. Sie pflegte die alten Kontakte zu Verlegern, suchte Kollegen und Freunde auf und gab einige Vortragsabende. Die vollen Säle überall waren der Beweis dafür, dass sie nicht vergessen war. Wo immer sie las, ob in Berlin, Stuttgart oder in Frankfurt, in Kassel oder Zürich, schlug sie die Zuhörer in ihren Bann.

Schmal und zierlich, immer in Schwarz, fast verschwindend klein hinter Pulten und Tischen, stellte sie sich ihrem Publikum.

Mascha Kaléko wirkte trotz ihrer rein jüdischen Abstammung, eher wie eine Ungarin mit ihrem halblangen schwarzen Haar, den tiefdunklen Augen und einem sprühenden Charme, der ihr bis in die letzten Lebensjahre erhalten blieb.

1968 starb überraschend ihr 30-jähriger Sohn Steven in New York an einer zu spät erkannten Bauchspeicheldrüsenentzündung.

Ein hochbegabter junger Mann, angehender Star am Broadwayhimmel. Er hatte nicht nur seine Musicals selber geschrieben, sondern sie auch komponiert und inszeniert. Führte mit Erfolg seine satirisch-literarischen Revuen auf. Das künstlerische Erbe beider Eltern trug er weiter, zum Erfolg begabt, einer dem alles zuflog und leicht wurde. Schon mit 22 Jahren erhielt er den ersten Preis der „Off Broadway Revue 1958". Sein Tod war für die Dichterin und Mutter der Beginn des eigenen seelischen und körperlichen Sterbens. Das Ehepaar Vinaver hat sich nach diesem Verlust nie mehr erholt! Rückschauend wird deutlich, dass der Anfang ihrer Todeskrankheit mit diesem Schicksalsschlag zusammenfiel.

„Vor meinem Tod ist mir nicht bang. Nur vor dem Tod derer, die mir nah sind." Zeilen aus dem Gedicht „Memento", aus den 40er Jahren machen ihre Angst sichtbar, mit der sie schon lange umging, sie würde die ihren überleben.

Im Dezember 1973 starb ihr Mann nach einem langjährigen Herzleiden. Diesen Verlust hatte sie lange auf sich zukommen sehen und jeden ihnen noch gemeinsam vergönnten Tag, wie ein Geschenk genommen und den Abschied in angstvollen Nächten vorausgelebt.

Zum Weiterlesen: drei Gedichte: „Elegie für Steven", „Memento", „Ich werde fortgehn im Herbst"

Nach dem Tod ihres Mannes verließ sie ihre Wohnung kaum. Er war ihr, sie ihm alles gewesen. Fast 40 Jahre lebten sie zusammen und was oft in den harten Jahren in Amerika kaum tragbar gewesen war, vor allem die dauernde Geldsorge, hatten sie nur umsomehr zusammengeschmiedet. Er war ihr Schutz in den Wogen des Alltags gewesen. Seine Weisheit und Liebe hatten ihr Sicherheit gegeben. Sie beide hatten den Frieden in sich selbst gefunden.

Aus fast allen Gedichten, die im Jahr 1974, ihrem letzten Lebensjahr entstanden, spricht der Schmerz über den Verlust ihres Mannes.

Im Spätsommer 1974 reist sie nochmals nach Europa und gibt in der Amerikagedenkbibliothek in Berlin einen Vortragsabend, zusammen mit Horst Krüger. „Ihm verdanke ich die letzten drei guten Tage," erinnert sie sich auf ihrem Krankenbett. Horst Krüger zeigte ihr Berlin. Sie schwelgen in Erinnerungen, nachzulesen im „Gott der kleinen Webfehler" – „Meine Tage mit Mascha Kaléko". Sie spielte sogar mit dem Gedanken eventuell eine Zweitwohnung in Berlin zu nehmen, doch dazu kam es nicht mehr!

Im August war sie im Zürcher-Spital operiert worden, angeblich am Blinddarm. Auf der Rückreise von Berlin machte sie noch einmal in Zürich Station. Ihre Krankheit, Magenkrebs verschlimmerte sich so, dass sie dringend einer Hospitalpflege bedurfte. Was einzig zählte in ihren letzten Wochen, war die Sorge um das nachgelassene Werk ihres Mannes. Eine Nichte ihres Mannes nahm sich dieses kostbaren Archivs an und übergab es nach ihrem Tod der Jerusalemer Universität.

Erst als sie das alles als abgesichert wusste, konnte sie sterben. Am 21. Januar 1975 stirbt sie in den Morgenstunden. Frau Gisela Zoch-Westpahl, die Frau des berühmten Gerd Westphal, hatte Mascha Kaléko während einer Lesung in Zürich kennengelernt und freundete sich mit ihr an. Sie besuchte die Dichterin oft in den letzten Lebenswochen im Spital und führte viele Gespräche mit ihr. Eine Woche vor Mascha Kalékos Tod vertraute sie ihr, ihr dichterisches Erbe an und übertrug ihr die Verantwortung dafür. Frau Zoch-Westphal holte alles nach Zürich sichtete es, wurde die Herausgeberin ihrer Werke, schrieb eine Art Biografie „Aus den sechs Leben der Mascha Kaléko", aus der ich auch berichte. Sie forschte als Nachlassverwalterin und trug mit großem Engagement vieles zusammen für dieses anschauliche Buch, was bisher unbekannt war. Sie gab als Schauspielerin auch Lesungen, Vortragsabende mit denen sie im In- und Ausland die Dichterin bekannt machte.

Zum Weiterlesen: zwei Gedichte: „Lied zur Nacht", „Der Mann im Mond"

Lebensbild der Dichterin Gertrud Kolmar
(1894 – 1943)
Mit Verweisen auf Lyrik und Prosa von
Gertrud Kolmar zum Weiterlesen.

Gertrud Kolmar

Es kam einer literarischen Sensation gleich, als
1955 das lyrische Werk der Dichterin Gertrud
Kolmar, ediert von Hermann Kasack, der
Öffentlichkeit vorgestellt wurde. Dieses Werk
von großer Einprägsamkeit, dieser seit Annette
von Droste-Hülshoff vielleicht größten deut-
schen Dichterin.
Ihre lyrische Sprache speist sich zunächst aus
dem allgemein verfügbaren Fundus der deut-
schen Literatur des 19. Jahrhunderts bis hin zu
Jugendstil und Expressionismus. Die Kritik
verwies wiederholt auf die Lyrik Georg Heyms
und Rilkes. Inspiriert wurde sie aber nach eige-
nem Bekunden auch von der „großen französi-
schen Lyrik und den Slaven." Bei Rilke meinte
sie: „... sie habe ihn zu spät gelesen, um von
ihm beeinflusst zu sein, aber es gäbe ja Geistes-
verwandtschaften."
„Ich bin eine Dichterin, ja, das weiß ich; aber
eine Schriftstellerin möchte ich niemals sein",
so bekennt sie 1938 und beschwört darin eine

Dichotomie, die in Deutschland zu Hause ist: Zwei Bereiche, die man hier trennt und als Gegensatz versteht.

Denn Stefan George und sein Kreis haben „Deutsche Dichtung" streng unterschieden, dass der Dichter das reine Wort erschaffe, während der Schriftsteller die Wirklichkeit mit Wörtern beschreibe. Der Dichter stehe als Schöpfer über dem Schriftsteller.

Gertrud Kolmar wurde am 10. Dezember 1894 als erste Tochter des Rechtsanwalts und späteren Justizrates Ludwig Chodziesner und seiner Frau Elise, geb. Schoenflies, in Berlin geboren. Die Familien beider Eltern, ursprünglich aus Posen und aus der Neumark, Kreis Königsberg, stammend, gehörten zum aufstrebenden deutschen Bürgertum jüdischer Herkunft, wobei die Vorfahren der Mutter zum Teil schon seit Jahrhunderten das preußische Bürgerrecht besaßen.

Der Vater schlug zu dieser Zeit eine erfolgreiche juristische Laufbahn ein, wird Strafverteidiger im Kwilecki- und Adlonprozess, sowie in der Angelegenheit der Grafen Eulenburg und Schulenberg. Die delikate Affäre Eulenburg beschäftigte 1906 bis 1909 die Öffentlichkeit, denn Graf Eulenburg, dem man Homosexualität vorwirft, ist ein enger Freund Kaiser Wilhelm II.

Dass Gertruds Vater hier als Strafverteidiger auftritt, in einer Sache, die dem Kaiserhaus nahegeht, zeigt deutlich, wie sehr die Familie Chodziesner dem Monarchen ergeben ist. Bis in die Äußerlichkeiten ist dies abzulesen, trägt doch Ludwig Chodziesner die Barttracht seines Kaisers, hochgezwirbelte Spitzen, die man ironisch als Symbol von Deutschlands Aufstieg zur Groß- und Weltmacht kommentiert hat.

Die Mutter Elise Chodziesner geb. Schoenflies entstammte einer wohlhabenden, bürgerlichen Gelehrten und Kaufmannsfamilie, die seit Jahrhunderten in der Mark ansässig war. Sie war von heiterer Gemütsart, dem Leben und den schönen Künsten zugewandt, gesellig und liebevoll und von so bezwingender Anmut, dass sich keiner ihrem Charme entziehen konnte, der mit ihr in Berührung kam. Sie war eine vorzügliche Pianistin und spielte selber gern Theater.

Die Eltern wohnen zuerst in einer Wohnung in der Poststraße in Berlin, unmittelbar in der Nähe des barocken Berliner Stadtschlosses. Das imposante Ensemble von Schinkels Altem Museum, Lustgarten, Dom und Schloss ist wohl einer der frühesten Eindrücke, den die kleine Gertrud in der Kaiserstadt empfängt.

Drei Geschwister folgen Gertrud nach, die Schwester Margot, Bruder Georg Friedrich Wilhelm und Schwester Hilde, die Jüngste. So erwirbt Ludwig Chodziesner ein geräumiges Haus mit Garten im Westend, Ahornstr. 37 im Viertel der Gelehrten, Künstler und Industriellen, das damals zu Charlottenburg zählt und noch eine selbstständige Stadt gewesen ist, die erst 1920 Berlin eingemeindet wurde. Die wohlhabenden Eltern Chodziesner beschäftigen ein Hausmädchen, eine Köchin, sowie einen Gärtner, versuchten aber ihre Kinder in Bescheidenheit zu erziehen. Die gegensätzliche Herkunft der Eltern prägten wohl die Kinder, denn die mütterlichen Ahnen wiesen großbürgerlich-urbanen Zuschnitt auf, die väterlichen Vorfahren dagegen, einfache Menschen, aus der ländlichen Provinz stammend: Aus Chodziesen, einer Kreisstadt an der Linie Posen-Schneidemühl/Westpreußen, es fiel 1918 an Polen und heißt auf Deutsch "Kolmar". Dieses Pseudonym übernahm Gertrud ab 1917 als junge Dichterin.

Gertrud stark auf den Vater bezogen, trägt in ihrer Hinwendung zu den Tieren, zur Natur das väterliche Erbe weiter, auch die Schwester Margot, die spätere Zoologin und Geflügelzüchterin, greift diese Tradition auf. Die Jugend der Chodziesnerkinder ist die Zeit, in der man im Berliner Tiergarten spazieren geht, sich dem Reiz des Kaiserpanoramas hingibt, von der Erfindung des Telefons fasziniert ist, am Sedantag die Siegessäule im neuen Glanz erstrahlen sieht, die Sonntage auf der Pfaueninsel verbringt und abends mit der Geschichte des bucklichten Männleins einschläft.

Viele Verwandte, besonders mütterlicherseits vermittelten das Gefühl einer großen Familiengemeinschaft.

Die Königin dieses Clans ist die Großmutter Hedwig Schoenflies geb. Hirschfeld, deren Bruder Gustav Hirschfeld leitete als Archäologe 1875-77 die Ausgrabungen in Olympia. Ihr Haus am Blumenhof, dem „Mutterland", empfängt die staunenden Enkel. Hier bei der Großmutter öffnet sich Gertrud eine fremde und verführerische Welt, denn sie hatte von zahlreichen Reisen, nach Großvaters frühen Tod, er starb in dem Jahr, in dem Gertrud zur Welt kam, die sie nach Südeuropa und in den Nahen Osten führte, Andenken heimgebracht, die ihre Wohnung merkwürdig verzaubern. Da ist z. B. ein Elefant, der das Mädchen fesselt, den man mit einem Zauberschlüssel aus seinem starren Traum beleben kann, sodass er zu stampfen beginnt und seinen Rüssel hebt. Er kommt nicht nur in Gertrud Kolmars Gedicht „Großmutters Stube", sondern auch bei ihrem

Vetter Walter Benjamin in seiner „Berliner Chronik und Berliner Kindheit um 1900" vor, wo er schreibt: „Keine Klingel schlug freundlicher an. Hinter der Schwelle dieser Wohnung war ich geborgener als selbst in der Elterlichen. In ihrem Innern saß die Großmutter, die Mutter meiner Mutter." Unvergessen sind auch die Bescherung am Weihnachtsabend und das Versöhnungs- und Neujahrsfest: Auf langen Tafeln türmten sich die Geschenke, denn die Großmutter schenkte gerne. Für Gertrud waren die Reize der großmütterlichen Wohnung Botschaften aus einer fremden Domäne, sie öffneten ihr erstmals jenen Spalt, der ihr den Blick auf das Außergewöhnliche freigibt, die Welt des Orients, eine Welt die später in ihrer Lyrik das Prinzip der Verwandlung bestimmen wird. Nur dadurch gelingt es ihr, den Banalitäten, aber auch den Einsamkeiten in ihrem weiteren Leben zu entrinnen. In den orientalischen Paradiesen entfaltet Gertrud Kolmar ihre Visionen einer besseren Welt und ist in dieser Weise ihrer literarischen Zeitgenossin Else Lasker-Schüler nahe.

Zum Weiterlesen: Vier frühe Gedichte (1917 – 1922) von Gertrud Kolmar: „Die Dichterin", „Noch eins", „Opfergang", „Das Kleid"

Gertrud, die als Kind „Trudchen" genannt wird, spielte kaum mit anderen Kindern, hatte wenige Freundinnen und war für ihre jüngeren Geschwister die große Schwester, die sich mit ihren Büchern in ihr Zimmer zurückzog und die sie nicht recht verstanden. Sie äußerte sich in einem ihrer späteren Briefe: „... es habe sich kein wolkenlos blauer Himmel über ihre Kindheit gewölbt". Warum sie das äußerte, weiß man nicht. Es gibt kein einziges Kinderbild von ihr mit dem leisesten Anflug eines Lächelns. War es die Einsamkeit der frühen Jahre, ein jähes Gefühl des Andersseins?

Das Mädchen Gertrud interessiert sich für östliche Kulturen, die Geschichte antiker Völker und verbringt manche Stunde selbstvergessen in der Bibliothek des Vaters. Ihre Theaterstücke, die Gertrud mit ihren jüngeren Geschwistern einübt, spielen meist im alten Rom oder am Sultanhof und reizen sie zu Kostümentwürfen in Purpur und Gold. Später wird sie sich in ihrer Lyrik an Farben und Düften berauschen. Man glaubt aus der Ferne die Sprache des Alten Testaments zu vernehmen, doch seltsam, dasselbe Mädchen trachtet nach asketischer Lebensform. Es will eine Spartanerin, eine Heldin sein und die schwarze Suppe essen. In ihrem frühen Heroismus bekundet sich ihr Abscheu vor dem Wohlstand des gehobenen

Bürgertums. Es ist ihre ganz persönliche Form der Auflehnung gegenüber der eigenen Gesellschaftsschicht. Daher will sie auch in ihrem eigenen Leben die Grenzen aufbrechen, will die Welten jenseits des deutschen Sprachraums erkunden.

Auch von der wilhelminischen Gesinnung der Familie kehrt sich Gertrud ab und zeigt schon früh Sympathie für den Zionismus.

Das Kind Trudchen besuchte zuerst die Schmidtsche Schule an der Akazienallee, unweit vom Elternhaus im Westend Berlins. Kommt dann mit ihrer Schwester Margot anschließend in die Höhere Mädchenschule in Charlottenburg, die Gertrud mit 16 Jahren beendet. Mit fast 17 Jahren kommt sie 1911 auf die „Haus- und Landwirtschaftliche Frauenschule Arvedshof", einer für Töchter des gebildeten Standes 1906 gegründeten Institution. Diese Schule versucht, da nur ein kleiner Teil gebildeter Frauen akademische Berufe ergreifen kann, ihnen eine sowohl praktische Ausbildung für die Hausfrauentätigkeit, als auch eine Schulung für einen Beruf zu bieten. Das besondere dieser Schule ist, dass Arvedshof ein landwirtschaftlicher Betrieb an sich ist mit Ackerbau und Viehzucht, Molkerei, Gärtnerei und Obstverwertung. Gertrud Kolmars Klasse zählt 19 Schülerinnen, die aus Berlin, Sankt Petersburg,

Ostpreußen und Schlesien, aus dem Sächsischen und dem Rheinland kommen. Dieser hauswirtschaftliche Jahreskursus, der ein Jahr dauerte, ist eine Art Vorbereitung - *aber das konnte sie damals noch nicht ahnen* - auf das spätere Leben im ländlichen Finkenkrug mit seiner Kleintierzucht, wohin ihr Vater mit der Familie 1923 ziehen wird.

Die Abschlussprüfung berechtigt sie, anschließend zum Eintritt in Seminare, in denen sie nach einem weiteren Jahr das Lehrerinnenexamen ablegen kann, eine Möglichkeit, die sie ergreift. 1915 absolviert sie ein Praktikum im Kinderhort der Gesellschaft zur Bekämpfung der Säuglingssterblichkeit.

Sie betreibt nun englische, französische und russische Sprachstudien und absolviert 1916 ein Examen, das sie zum Sprachunterricht an mittleren und höheren Mädchenschulen berechtigt. Sie eignet sich weiterhin Kenntnisse im Tschechischen, Spanischen und Flämischen an. Jedoch zu Aufenthalten in fremden Ländern, gar längeren Reisen, kommt es selten in ihrem Leben.

Dafür leben Welt und Weite in ihren Gedichten.

In ihren späteren Briefen an ihre Schwester Hilde erinnert sich Gertrud Kolmar an Arvedsdorf, es liegt an der Strecke Leipzig-Chemnitz:

„an die Bibliothek des Gutshauses, an Wagen-
fahrten, auf die sie ihre Mundharmonika mit-
nahm und auf allgemeinen Wunsch darauf
spielte und an die Schlittenfahrten im Mulden-
gebirge."
Als am 16. August 1914 Kaiser Wilhelm II. die
Mobilmachung unterzeichnet, ist die nationale
Begeisterung der Deutschen groß. Besonders
die deutschen Juden wollen als Patrioten die
Verbundenheit mit Deutschland ausdrücken. In
dieser Zeit, zu Beginn des Ersten Weltkriegs,
verliebt sich Gertrud in einen Offizier. Es kam
zu einer ungewollten Schwangerschaft. Auf den
Wunsch der Eltern, wohl mehr der Mutter und
aus gesellschaftlichen Gründen wurde 1916/17
ein Schwangerschaftsabbruch von ihr gefor-
dert, nach dem Ende dieser Beziehung folgte
ein Selbstmordversuch Ende 1916. Die 22-
Jährige schreibt sich ihren Kummer, ihre große
Liebe vom Herzen. Ihr Vater entdeckt ihre
Begabung und gibt heimlich ihre Lyriktexte
1917 zu einem befreundeten Verleger. Gertrud
wählte für ihre Lyrikpublikation das Pseudo-
nym Kolmar. Von dieser Publikation hat sich
nur ein Exemplar erhalten, das sich im Deut-
schen Literaturarchiv in Marbach befindet.
Erlebnishintergrund dieser Lyrik ist die Erfah-
rung dieser Liebe ohne Erfüllung, zusammen-

gefasst unter dem Titel „In Memoriam 1918, früher Zyklus I bis III" und „Mann und Weib"

Zum Weiterlesen: sieben Liebesgedichte aus „… Memoriam …" und Zyklus „Mann und Weib" (1918): „Die Frau", „Wintermorgen", „Die Werbung", „Bekenntnis", „Hörst du mich?", „Mädchen sind und Blumen gleich im Liede", „Junilied"

1918 arbeitet sie als Dolmetscherin für französische und englischsprechende Gefangene im Gefangenenlager Döberitz. Ihre Tätigkeit bestand im Lesen der ein- und ausgehenden Gefangenenpost in der Postprüfungsstelle.
1923, dem Jahr der großen Inflation, der Vater hatte die Kriegsanleihe verloren und musste das schöne Haus und den Garten in der Ahornallee verkaufen, in dem die Familie Chodziesner über 20 Jahre lebte. Sie zogen in eine schöne große Stadtwohnung am Kurfürstendamm. Es war für Gertrud und ihre Schwester Hilde der endgültige Abschied aus ihrem Kinderparadies.
Zwischen 1921 und 1926 ist Gertrud Kolmar als Erzieherin in verschiedenen Privathäusern tätig. Sie ist es mit großem Engagement, doch in allem Umgang mit den Kindern, liegt auch immer der Schmerz um ihre verhinderte Mut-

terschaft verborgen, ein Einschnitt, der ihr weiteres Leben prägte: der Wunsch einen Lebenspartner an sich zu binden scheitert auch bei späteren Versuchen, die Sehnsucht nach einem eigenen Kind zieht sich durch ihre ganze Dichtung, bleibt unerfüllt!

Es sind ja nicht ihre eigenen Kinder, die sie lieben und erziehen darf, sondern Söhne und Töchter fremder Menschen. Sie beweist besonders im Umgang mit behinderten Kindern ein großes Geschick, fühlt sich zu ihnen hingezogen. So rühmt die Mutter Annie Schapski aus Berlin-Wilmersdorf ihre große Geduld ihren zwei taubstummen Kindern gegenüber.

Als Pädagogin möchte Gertrud Kolmar die kreative Eigenständigkeit der Kinder fördern. Sie wendet sich energisch gegen Vorlagen und Vorbilder und hat auch etwas *ketzerische* Ansichten über Kindergärten im Allgemeinen.

Zum Weiterlesen: fünf Gedichte zum Thema „Mutter und Kind" aus „frühe Gedichte" (1917 – 1922):
„Schrebergärten", „Meins", „Auf ein Kinderkleidchen", „Mein Sohn" und „Für Dich"

Im Herbst 1927 unternimmt sie mit ihrer Freundin Suse Jung eine Studienreise nach

Frankreich, besucht in Dijon an der Universität einen Ferienkursus, den sie mit einem Diplom abschließt. Diese vermutlich einzige größere Reise führt sie auch nach Paris und nach Burgund, das für sie eine geistige Wiederbegegnung mit Romain Rolland (1866 – 1944) wird, der aus Burgund stammte. Sie hatte auf der Reinhardtbühne in Berlin die denkwürdige Aufführung seines Dramas „Danton" erlebt, ganze Szenen weiß sie auswendig zu zitieren. Von diesem Schriftsteller, wie auch von Büchner, erhielt sie Impulse, sich der Geschichte der Französischen Revolution zuzuwenden und das Engagement ihrer Hauptgestalten neu zu überdenken. Geschichte ist für sie in diesem Fall nicht unbedingte Historie, sondern ein Anreiz für die Gegenwart, in ihrem Fall sogar ein Gegenentwurf zur eigenen Zeit um 1927, die sie als mittelmäßig erlebt. Diese Auseinandersetzung findet in ihrem Werk einen vielfältigen Niederschlag: 1933 im Essay „Das Bildnis Robespierres", im Gedichtzyklus „Robespierre" und im Schauspiel „Cécile Renault", das 1934/35 entstanden ist.

Was sie als Jüdin an Romain Rolland bewundert, ist seine Haltung während der Dreyfusaffäre, er steht engagiert auf der Seite der Verteidiger und nicht weniger fühlt sie sich von seinem Einsatz für die Völkerverständigung angesprochen, seinem Glauben an die enge Bindung zwischen Deutschland und Frankreich trotz aller Verschiedenheit, wie er ihn in seinem Hauptwerk, dem Entwicklungsroman „Jean Christophe" (Deutsch: Johann Christof) vertreten hat.

Exkurs: Die Dreyfusaffäre

Alfred Dreyfus (1859 – 1935) französischer Offizier, aus dem jüdischen Bürgertum stammend, als Hauptmann im Generalstab, 1894 wegen angeblichem Verrat militärischer Geheimnisse an Deutschland angeklagt, 1906 rehabilitiert!

Emile Zola setzte sich während des Prozesses mit einem offenen Brief zum Anwalt des unschuldig Verurteilten ein, musste deshalb ins Exil nach England gehen.

Diesse Jahre zwischen 1927 – 35 waren ihre wichtigste schöpferische Phase. Es entstanden die lyrischen Zyklen „Das preußische Wappenbuch", es sind zumeist poetisch straffe, sehr persönliche Deutungen der heraldischen Elemente. Als Grundlage hat die Dichterin die Kaffeehag-Wappenmarken benutzt, deren Kurzbeschreibung mit ihrer eigenen Erläuterung zu Beginn der einzelnen Gedichte übereinstimmt.

Was Gertrud Kolmar wichtig war, sie sieht sich nicht allein als Jüdin, sondern immer auch als

Deutsche. Inzwischen lebt ihre Familie seit 1923 in Falkensee, Ortsteil Finkenkrug, das im Westen Spandaus liegt. Es gehört bereits zum Osthavelland und wird von Theodor Fontane als Ausflugsziel in „Stine" erwähnt. Sie waren wieder auf dem Lande in einem villenartigen Haus mit Garten, in dem sie bis 1939 wohnten. Licht, Luft und Sonne bietet Finkenkrug den Menschen aus Berlin, die in den 20er Jahren immer mehr in Randgebiete der Metropole übersiedeln.

Ab 1929 lebt sie wieder bei den Eltern, hilft dem Vater bei seinen Notariatsarbeiten, beschäftigt sich mit der Kleintierzucht. Fern aller Künstlercafés und des pulsierenden Großstadtlebens der 20er Jahre lebt sie hier in Finkenkrug in aller Stille mit den Tieren in mitschöpferischer Verbundenheit, der Verwandtschaft aller Lebewesen, die sich in die Schöpfung gerecht und ihrer Art gemäß teilen sollen. 1930 stirbt ihre Mutter, von ihr bis zuletzt gepflegt, die Rolle die nach herkömmlicher Vorstellung der unverheirateten Tochter zufiel. Das Verhältnis zwischen Mutter und Tochter war eher angespannt, vielleicht trägt daran die Abtreibung die Schuld, die vermutlich eher die Mutter als der Vater seinerzeit von ihr forderte.

Ihre jüngste Schwester Hilde war inzwischen seit 1930 mit dem in Berlin wohnenden Buchhändler Peter Wenzel verheiratet, der früh Gertruds Einzigartigkeit in ihrem Werk erkennt. 1933 wird deren einzige Tochter Sabine geboren, die sich zusammen mit den Eltern oft in Finkenkrug aufhält. Gertrud Kolmar liebt ihre einzige Nichte sehr und beschenkt sie mit vielen Briefen.

Wie Nelly Sachs fühlte sich auch Gertrud Kolmar zum Tanz hingezogen, zeigte dafür als junges Mädchen eine Begabung. Als sie von der heranwachsenden Sabine erfährt, sie wolle Tänzerin werden, bestärkt sie sie in Briefen, wie in dem Brief 1940 im Oktober in Form eines Märchens, wie sie sich ihren späteren Erfolg vorstellt:

„Ich denke mir, dass du Binelein vielleicht einmal so tanzen wirst, wie Grete Wiesenthal (1885 -1970), so etwas Frisches, Heiteres, Unbeschwertes, etwas Sommerliches lebt in ihrem Tanz, will mir scheinen. Der schöne Tanz ist eine Kunst und als solche groß und ewig."

Zum Weiterlesen: Sieben Gedichte „Bild der Rose" aus Frühe Gedichte (1917 - 1922): „Tanz der Rose", „Die schönen Wunder", „Schauspielerin", „Kanarienrose", „Traumsee", „Chinesische Rose" und „Marzipanrose"

1930 waren im Insel Almanach zwei ihrer Gedichte erschienen „Die Gauklerin" und „Die Entführte", die auf Walter Benjamin großen Eindruck machten.

Exkurs: Walter Benjamin

Geboren 1892 in Berlin, Literatur- und Kulturkritiker, Übersetzer und Schriftsteller. Seit 1933 in Paris lebend, nahm sich aus Angst vor der Gestapo in Port Bou an der spanischen Grenze im September 1940 das Leben. Erst im Jahr 1993 wurde dort ein ehrendes Denkmal für ihn erstellt.

Wenige Monate nach dem Tod der Mutter, in der kurzen Zeit zwischen dem 18. August 1930 und dem 1. Februar 1931 schreibt die 36-jährige Gertrud Kolmar ihren Roman „Eine Mutter" der erst 1965 im Kösel-Verlag erscheint und in der zweiten Auflage 1978 unter dem Titel „Eine jüdische Mutter" nachgedruckt wird. Es ist das erschütternde Dokument einer Mutter, deren Kind einem Sittlichkeitsverbrechen zum Opfer fällt, an dem letztendlich die Jüdin Martha Wolg, die Mutter, zerbricht."

Nach Hitlers Machtübernahme am 30. Januar 1933 hat der jüdische Traum der Emanzipation und Assimilierung ein Ende. Die erste Massenauswanderung setzt ein, vorwiegend nach Palästina. 300 000 Juden verlassen bis 1939

Deutschland. Ende 1938 treffen sich in der Buchhandlung und Antiquariat von Peter und Hilde Wenzel noch einmal alle Geschwister, um von Hilde Abschied zu nehmen, die in die Schweiz ausreisen wird, ihre Tochter Sabine nachholt, ihr Mann „Arier" bleibt in Berlin. Dieser jüngsten Schwester sind, durch die vielen erhaltenen Briefe von Gertrud Kolmar, die meisten Lebenserinnerungen, aber auch die Werke der Schwester, die sie mitnahm, zu verdanken. Peter Wenzel setzte sich nach 45 sehr für das Erscheinen dieses Werkes ein.

Im Herbst des Jahres 1938, am 9.11.1938 noch vor dem Novemberpogrom, erscheint ihr Gedichtsband „Die Frau und die Tiere", er wird jedoch kurz nach seinem Erscheinen eingestampft. Zwei Wochen nach dem 9. November, am 23. November 1938, muss Justizrat Ludwig Chodziesner seine Villa in Finkenkrug verkaufen. Die Räumung, die innerhalb von vier bis acht Wochen stattfinden muss, beansprucht Gertrud Kolmars ganze Kräfte. Sie zieht mit ihrem 78-jährigen Vater am 21. Januar 1939 nach Schöneberg in ein Judenhaus in der Speyerer Str. 10. Diese Judenhäuser wurden in der Folgezeit ab 4. Juli 1939 Gesetz, die Zusammenlegung von immer mehr jüdischen Familien in diese Häuser und die Aufhebung des Mieterschutzes in ihren ehemaligen Wohnun-

110

gen. Es war ein schmerzlicher Einschnitt, der Verlust Finkenkrugs, auch wenn sie diese Situation tapfer angeht, so packt sie doch immer wieder das Heimweh dort hin. Der Vater möchte, dass sie als Erzieherin nach England geht, sie will ihn aber in seiner Lage jetzt nicht allein lassen.

Ihr Bruder, Diplomingenieur Georg Chodziesner, emigrierte mit einem Sammeltransport 1939 in ein englisches Durchgangslager, wird im Mai 1940 auf der Isle of Man interniert und im gleichen Jahr nach Australien gebracht. Seine Frau und Sohn emigrieren nach Chile, sie stirbt dort mit 39 Jahren während des Krieges, alle seine Bemühungen sie zu sich nach Australien auswandern zu lassen, blieben vergeblich, erst nach vielen Versuchen gelingt es ihm, den Sohn Wolfgang zu sich zu holen.

Gertruds Schwester Margot starb 1942 im australischen Liverpool. Sie hatte nach ihrer Ankunft zäh einen Neuanfang als Geflügelzüchterin versucht. Ihren Bruder Georg, der in Australien in einem Lager interniert war, hat sie nicht noch einmal gesehen.

Gertrud Kolmar wendet sich in diesen letzten Jahren zunehmender Gefährdung immer mehr von der äußeren Wirklichkeit ab, was einem spirituellen Kunststück gleich kommt, denn der Alltag mit seinem materiellen Einschränkungen,

Luftangriffen und der überbelegten Wohnung, sieben Erwachsene auf fünf Räumen, sodass sie zuletzt kein eigenes Zimmer mehr besitzt, ist besonders hart für sie.

Die Deportationen, das immer mehr ins Getto gedrängt werden, sind Kräfte zehrend.

Was ihr Kraft gab, waren ihre bevorzugten Schriftsteller in dieser Zeit: Der Romancier und Dramatiker Julien Green (1900 in Paris geboren), Rainer Maria Rilkes „Duineser Elegien" und „Briefe aus Muzot", Werner Bergengruen (1892-1964), Die Lutherbibel „Sie las sie ihr ganzes Leben lang", „Das Gilgameschepos" und von dem baltisch-deutschen Edzard Schaper (1908-1983) „Das Lied der Väter" war eine wunderschöne Entdeckung für sie.

Das Erstaunliche bei Gertrud Kolmar ist, dass sie schon im Herbst 1933 anfing, Gedichte zu schreiben, in denen die Judenvernichtung anklingt, so früh hatte noch keiner darüber gedichtet, sie muss von irgendwoher davon erfahren haben, es gespürt haben, was sich da zusammenbraute! Sie nannte diesen Zyklus „Das Wort der Stummen". Faszinierend ist auch ihr Zyklus „Welten", 1937 entstanden.

Zum Weiterlesen: zwei Gedichte aus „Das Wort der Stummen" (1933): „Wir Juden", „Die jüdische Mutter" aus ihrem letzten Zykklus,

„Welten" (1937), einer expressiven (ausdrucks-
starken) Prosa: „Garten im Sommer" und „Der
Engel im Walde"

Noch zwischen 19. Dezember 1939 und Feb-
ruar 1940 entsteht ihre letzte Erzählung „Su-
sanna". Sie schreibt darüber: „Jede dichterische
Erschaffung ist für mich eine Geburt, die We-
hen sind manchmal scheußlich, zurzeit findet
dieses Ereignis in Etappen – immer nachts
statt. Ich gehe früh schlafen und wenn dann die
oberen Mieter bei ihrer allnächtlichen Heim-
kehr zwischen ein und drei Uhr mich wecken,
beginnt meine Kopfarbeit. Morgens nach dem
Anziehen, wird alles gleich niedergeschrieben,
dabei bin ich sehr müde, fühle mich elend."
1940 begegnet ihr über den „Jüdischen Kultur-
bund" Nelly Sachs mehrmals. Es werden Ge-
dichte beider Dichterinnen gelesen, im Chor
der vielen gilt sie als die auserwählte Einzel-
stimme, die alles „Lyrisch-konventionelle weit
hinter sich lasse und aus dem eingängigen
Bereich der Bekenntnislyrik kühn hinausstrebe"
so Hugo Lachmanski im „Jüdischen Nachrich-
tenblatt" am 24. Mai 1940.
Sie lerne hebräisch, schreibt sie der Schwester,
seit Mai 1940, ihr erstes Gedicht in dieser Spra-
che heißt „Die Kröte" in dem versteckt das
jüdische Außenseitertum verpackt erscheint.

Vom Sommer 1941 an wurde Gertrud Kolmar zur Fabrikarbeit verpflichtet, zur Schwerstarbeit in einer Kartonagefabrik. Im September 1942 wurde ihr Vater nach Theresienstadt verschleppt, wo er im Februar 1943 mit fast 82 Jahren stirbt.

Gertrud Kolmar erlebt in der Fabrik in Lichtenberg, wo sie fast nur mit Männern arbeitet, nochmals eine Beziehung, die sich zur Freundschaft ausweitet. Es ist ein weitaus jüngerer Medizinstudent. Noch in ihrem letzten Brief vom 20./21. Februar 1943 berichtet sie von einem überraschenden Besuch des Freundes am Wochenende. In dieser Zeit der immer stärker wachsenden Isolation hatte diese Begegnung für sie unendlich viel bedeutet.

Ende Februar 1943 wurde Gertrud Kolmar im Verlauf der sogenannten „Fabrikation" festgenommen. Die Karteikarte, heute aufbewahrt im Berliner Landesarchiv, auf der ihre Deportation nach Auschwitz festgehalten ist, vermerkt für den Transport das Datum des 2. März 1943. Sie starb wahrscheinlich in den ersten Märztagen zwischen dem 5. und 8. des Monats.

In einem ihrer Briefe schrieb sie, die ihr Judentum akzeptierte: „So will ich auch unter mein Schicksal treten, mag es hoch sein wie ein Turm, mag es schwarz und lastend wie eine Wolke sein. Wenn ich es schon nicht kenne:

114

Ich habe es im Voraus bejaht, mich ihm im Voraus gestellt und damit weiß ich, dass es mich nicht erdrücken wird, mich nicht zu klein befindet."

Zum Weiterlesen: zwei Gedichte aus „Das Wort der Stummen" (1933): „Der Engel im Walde", „Heimweh"

Lebensbild der Dichterin Else Lasker-Schüler (1869 – 1945)
Mit Verweisen auf Lyrik und Prosa von Else Lasker-Schüler zum Weiterlesen.

Else Lasker-Schüler

Am 11. Februar 1869 wurde Elisabeth Schüler in Elberfeld an der Wupper geboren. Sie stammte aus einem deutsch-jüdischen Elternhaus und gehörte dem assimilierten jüdischen Bürgertum an. Mit fünf Geschwistern, drei Brüdern und zwei Schwestern, wuchs sie in einer wohlhabenden und gutbürgerlichen Familie auf.

Die Mutter, Jeannette Kissing, war die Tochter eines Weinhändlers aus Kissingen, stammte angeblich aus einem aus Spanien eingewanderten, jüdischen Kaufmannsgeschlecht. Sie war eine stille, sanfte, schwermütige Frau und wurde von ihrer Tochter Else über alles geliebt:

„Mein Herz blüht auf, wenn ich an meine Mutter denke", so die Dichterin!

Der Vater Aron Schüler war Kaufmann und später Bankier der „Schülerbank" in Elberfeld.

„Mein Vater war der ausgelassenste Mensch gewesen, den ich je im Leben kennenlernte. Einen Schelm hatte er immer auf dem Polster seines roten Herzens sitzen", so beschreibt ihn Else Lasker-Schüler.

Durch beide Eltern war Else Schüler mit dem bedeutenden Repräsentanten des öffentlichen Lebens der damaligen Zeit, mit dem Gründer der liberalen „Frankfurter Zeitung" 1856, Leopold Sonnemann verwandt, der von 1831-1909 lebte.Er war Reichstagsabgeordneter der Deutschen Volkspartei in den Jahren 1871–76 und 1878–84. In seinem Hause wuchs Else Schülers Mutter auf, deren Mutter einen Monat nach ihrer Geburt an Tuberkolose starb und hier erhielt sie eine feinsinnige, kulturelle Erziehung. All das wurde von ihr im Hause Schüler weitergegeben, es schlug sich in Lesekränzchen und Kostümbällen nieder. Somit war das Elternhaus für die Kinder ein Hort des Friedens und der Liebe.

Elses ältester Bruder wurde Kunstmaler in Hamburg, der zweitälteste übernahm später das Bankgeschäft des Vaters. Ihr Lieblingsbruder Paul Carl stirbt 1882 nicht ganz 21-jährig! Ihm hat sie später in ihrem Drama „Die Wupper" ein Denkmal gesetzt, in der Gestalt des lauteren Eduard Sonntag. Er war sehr fromm und wollte vermutlich zum Katholizismus übertreten, wie auch die Bezeichnung „Mönch", seiner kleinen Schwester, andeutet. Er war es auch, der ihr immer wieder die Lieblingsgeschichte von „Joseph und seinen Brüdern" erzählte.

Ihre älteste Schwester Martha heiratete einen Kaufmann und lebte mit ihrer Familie in Chicago. Die innigste Beziehung hatte sie aber zu ihrer Schwester Anna, die mit dem Opernsänger Franz Lindwurm, genannt „Lindner", verheiratet war.

Schon als Kind machte Else Schüler Gedichte, sie trug die Zettelchen mit ihnen in ihren Kleidertaschen bei sich. Sie war voller Fantasie, malte jedem Buchstaben einen Schal um den Hals. Ihre Welt war voller Träume und Fantastereien. Von sich selbst sagte sie später:

„Ich bin in Theben-Ägypten geboren, wenn ich auch in Elberfeld im Rheinland zur Welt kam."

Sie lebte in Gedanken viel im Morgenlande, was sich in ihren Dichtungen niederschlägt. Sie war in ihren Mitteilungen über sich selbst sehr kärglich und sparsam, verschlüsselte vieles in ihren Werken, mystifizierte und vermischte Wunschdenken und Wirklichkeit. So hat sie ihr Alter stets herunter oder heraufgesetzt, wie es gerade passte und ihre Ahnen im Status angehoben. War ihr Großvater väterlicherseits Rabbiner, machte sie ihn zum Oberrabbiner von Rheinland und Westfalen.

Es ist anzunehmen, dass sie in Elberfeld zur Volksschule ging. Doch da klafft die erste

Lücke in der Lebensgeschichte der Dichterin.
Sie erinnert sich nicht gern an diese Zeit! Auf
jeden Fall muss sie 1880 das „Lyceum-West an
der Aue" besucht haben. Besonders die Geo-
grafiestunden sind ihr in guter Erinnerung, das
Aufzählen der afrikanischen Flüsse geht ihr wie
Wasser von den Lippen und in der Religions-
stunde, die Geschichte von „Joseph und seinen
Brüdern", bewegt sie zu Tränen, sodass sie der
Lehrer gerührt nach Hause schickt!
Ihr Lebensweg ist gekennzeichnet durch den
frühen Verlust von geliebten Menschen, an
denen sie hängt. Als sie 13 ist, stirbt der Bruder
Paul und als sie gerade volljährig ist, stirbt 1890
die vergötterte Mutter mit 52 Jahren. Immer
wieder weißt sie im Verlaufe ihres Lebens auf
die Bedeutung ihrer Mutter auf ihr Dichtertum
hin.
„An meine teure Mutter diese Zeile,
der Goethehochverehrerin, sie ist die Patin
meiner beiden Hälftenteile."

Zum Weiterlesen: Aus dem Gedichtsband
„Styx" der 1902 erschien mit der Widmung:
„Meine schöne Mutter blickte immer auf Ve-
nedig" (Styx: griechisch-römisch, Fluss der
Unterwelt, bei dem die Götter schwören.):
„Mutter", „Mutter", „Meiner Schwester Anna
dieses Lied", „Gebet"

1893lässt sich der praktische Arzt Jonathan Berthold Barnett Lasker in Elberfeld nieder. Ihre Schwestern und Brüder sind inzwischen alle verheiratet. Fast ein Jahr darauf gibt der Vater im „Täglichen Anzeiger" die Verlobung seiner Tochter Else Schüler mit Dr. Lasker bekannt. Am 15. Januar 1894 wird die Ehe geschlossen. Else ist 25 Jahre alt. Nie erfährt man etwas über das Kennenlernen und Lieben dieser Verbindung, auch fällt es Else Lasker-Schüler, die für alle Menschen, die ihr nahestehen, Kosenamen entwickelte, schwer, wenn sie ihren Mann erwähnt, seinen Namen auszusprechen. Sie nennt ihn meistens B.

Sie, die oft als Luftikus bezeichnet wird, ist nun Ehefrau und Hausfrau in einer schön eingerichteten Wohnung in Berlin mit anschließender Arztpraxis. Der Vater hat vieles dazugetan, damit die jungen Leute es schön und gemütlich haben.

Else Lasker-Schüler will aber nicht nur die Ehefrau eines Arztes sein. Sie hat künstlerische Ambitionen und nimmt Unterricht bei dem Maler Simon Goldberg, der ein Freund des Ehemannes ist.

Goldberg oder Monsieur Golbért, wie er von Pariser Malerkollegen genannt wurde, war mit dem berühmten Berliner Maler Max Liebermann befreundet, der ihn für den „besten

Techniker der Zeichenkunst in Berlin" hält. Bald mietet sie sich ein eigenes Atelier in der Nähe der Wohnung. Sie sendet ihre ersten Gedichte auf Anregung von Peter Baum, einem jungen Dichter, an den Herausgeber der Zeitschrift „Avalun – Blätter für neue deutsche Wortkunst" in München. Sie flunkert mit ihrem Alter, macht sich acht Jahre älter und gibt an sie hätte zehn Jahre in Paris und Berlin Malerei studiert.

1897 stirbt ihr Vater!

Zwei Jahre später, sie ist 30, macht sich die Entfremdung in ihrer Ehe in ihren Gedichten bemerkbar. Sie trifft sich mit der Berliner Boheme. Lernt den 15 Jahre älteren rheinländischen Dichter Peter Hille kennen, einen impressionistischen Einzelgänger (1854–1904). Ein Meister des Aphorismus, Lyriker und Romanschreiber. Sie verkehrt im Kreis der „Kommenden" und der „Neuen Gemeinschaft" in Berlin. Trifft mit Literaten, Musikern, Künstlern und Außenseitern der Gesellschaft zusammen. Rudolf Steiner und Martin Buber gehören eine Zeitlang dazu.

In dieser Zeit muss ihr auch der Mann begegnet sein, den sie Spanier oder Griechen nennt und der der Vater ihres einzigen Kindes wird, dessen Namen sie nie nennt. Als Schwangere teilt sie voller Stolz und Freude ihrer Schwester

Anna mit, dass ihre Gedichte als großartig bedacht wurden und im August 1899 erscheinen. Am 24. August wird ihr Sohn geboren. Sie nennt ihn Paul, wie ihren verstorbenen Bruder. Dr. Lasker meldet den Sohn beim Standesamt an.

1900 schließt sich die junge Schriftstellerin den philosophisch-literarischen Vereinigungen der Jahrhundertwende an. Ihr Entdecker Ludwig Jacobowski druckt weitere Gedichte in der Zeitschrift „Gesellschaft" ab. Während eines Urlaubs vertritt ihn der Literaturhistoriker und Verlagsleiter Hubert Houben, der die Dichterin beleidigt und ihr, wie Rudolf Steiner die Klubabende verbietet. Dieser Vorfall wirft ein bezeichnendes Licht auf die so ideal angelegten Vereinigungen der Jahrhundertwende, in denen man sich nichtsdestotrotz oft schnitt und ohrfeigte. Der Vermittler Jacobowski starb leider schon kurze Zeit darauf erst 31-jährig im Dezember 1900.

1901 erscheinen weitere Gedichte. Man ist beeindruckt von ihrer wilden, oft bizarren und seltsam geregten immer aber ernsten und innerlichen Pathetik. Sie beginnt einen Briefwechsel mit Richard Demel, fragt ihn, ob er ihr Buch „Styx" erhalten und wie ihm die Ballade gefällt.

Zum Weiterlesen: aus „Styx“: „Frühling“, „Lenzlied“, „Sinnenrausch“, „Volkslied“, „Mein Kind“, „Meinlingchen“

Else Lasker-Schüler hat eine erstaunliche Kritik und Presse für ihr erstes Buch. Häufig wurde es aber als „Frauenlyrik“ eingeordnet und es stößt auch auf Ablehnung! Eine ausgezeichnete Kritik erhält sie von Samuel Lublinski:
„Jede echte Lyrik beruht weit mehr als jede andere Dichtung auf dem Instinkt, und so wird man sich nicht wundern, dass in dem vorliegenden Gedichtbuch von Else Lasker-Schüler Zeile für Zeile ihre Herkunft von einer uralten und mächtigen Rasse zu erzählen weiß. Sie bewährt sich als späte Enkelin jener uralten Sänger, die einst die Psalmen oder das Buch Hiob gedichtet haben.“
1903 Ende März trennt sie sich von ihrem Mentor Peter Hille. Im April wird die Scheidung von Dr. Lasker ausgesprochen und am 30. November 1903 heiratet sie Georg Levin. Er ist knapp zehn Jahre jünger als sie, sie gleicht das damit aus, dass sie sich sieben Jahre jünger macht. Sie gibt ihm den Namen Herwarth Walden. Er ist Geschäftsführer des „Vereins der Kunst“ in Berlin, wird ihr Propagator, Verleger und der Komponist ihrer Gedichte. Er redigiert die Zeitschriften: „Das

Magazin", „Morgen", „Das Theater", bevor er 1910 mit Hilfe Karl Kraus die Zeitschrift „Der Sturm" gründet.

1903 treffen sich im „Café des Westen" Alfred Döblin, Erich Mühsam, Peter Hille, Richard Demel, Frank Wedekind und Else Lasker-Schüler.

„Sie wird der schwarze Schwan Israels, eine Sappho, der die Welt entzweigegangen ist", genannt. „Sie strahle kindlich, ist urfinster, Elses Seele steht in den Abendfarben Jerusalems, wie sie es einmal so überaus glücklich bezeichnet hat."

Kein anderer als Peter Hille hat hier die junge Freundin mit ihren wesentlichen Zügen geschildert:

„Ihre Kindlichkeit, ihr Judentum, ihre Gegensätzlichkeit, ihr Auserwähltsein."

1904 stirbt Peter Hille erst 50-jährig ganz plötzlich. Es erscheint der zweite Gedichtsband „Der siebente Tag" mit der Widmung:

„Meiner treuen Mutter".

Das letzte Gedicht des Bandes „Weltende" ist Herwarth Walden gewidmet. 1906 lernt sie Rilke kennen. Es erscheint das „Peter-Hille-Buch". Es wird von der Großmutter Katja Manns, Hedwig Dohm, gelobt, sie war eine der eifrigsten Führerinnen der modernen Frauenbewegung.

Sie äußerte sich folgendermaßen dazu:

„Ich liebe Bücher, die ganz persönlich sind, eine treue Spiegelung des oder der Schaffenden. Ein solches Buch ist das Peter-Hille-Buch von Else Lasker-Schüler, sie baut ihm aus Sternen und Blumen einen Altar."

1907 erscheint „Die Nächte der Tino von Bagdad". Erlebnisse ihrer gescheiterten ersten Ehe. Die Prinzessin Tino ist ihre erste mythische Inkarnation, oft auch als „Fluchtmaske" interpretiert. Mit diesem Namen verbindet sie sich zugleich auf geheime Weise mit Gerhart Hauptmann, dem sie den Dichternamen Onit von Weterwehe gibt, (Tino von hinten gelesen ergibt Onit).

Hauptmann hat Peter Hille sowie Else Lasker-Schüler in seinem Werk „Der Narr in Christo Emanuel Quint" 1910 eingebracht. Else Lasker-Schüler in der Gestalt „Annette von Rhyn".

Sie beginnt, ihr Drama „Die Wupper" zu schreiben. 1908 erscheinen im „Morgen" der Wochenzeitschrift für deutsche Kultur drei Erzählungen. „Der Prinz von Theben" ist eine davon.

Zum Weiterlesen: Erzählung „Die weiße Georgine"

Exkurs: Georgine, Dahlie, wurde nach dem Botaniker Georgi benannt, der aus Georgien stammte.

1909 zieht das Ehepaar Walden nach Berlin-Halensee. Herwarth Walden lernt Karl Kraus, den Herausgeber „Der Fackel", kennen. Er fördert Waldens Redaktionstätigkeit seiner neuen Zeitschrift „Theater".

Die berühmte Schauspielerin Tilla Durieux, Ehefrau des Kunsthändlers Paul Cassierer, erinnert sich an die Familie Walden:

„Das Ehepaar mit ihrem unglaublich verzogenen Sohn konnte man nun von mittags bis spät nachts im „Café des Westens" unter all den wilden Kunstjüngern und –frauen antreffen. Else war klein und schmächtig, von knabenhafter Gestalt, mit kurzgeschnittenem Haar, was damals sehr auffallend wirkte. Ihr Mann trug hingegen lang wallendes blondes Haar. Die kleine Familie nährte sich, wie ich vermute, nur von Kaffee, den ihnen der buckelige Oberkellner mitleidig stundete. Das Kind ging inzwischen heimlich zu den Kuchenschüsseln und nahm sich in unbewachten Augenblicken, was ihm gefiel. Ging es dem Ehepaar gar zu schlecht, unternahm es „Raubzüge", wie sie es selbst benannten, und besuchten ihre Leserschaft. Alle beteiligten sich dann an der Finanzierung des Ehepaares.

1911 kommt der Lyrikband „Mein Wunder" heraus.

Zum Weiterlesen: aus „Der siebte Tag" (1904): „Ein alter Tibetteppich" (dieses Gedicht brachte ihr höchstes Lob von einem so gnadenlosen Kritiker wie Karl Kraus), „Eva", „Sphinx", „Weltende", „Mein Volk" (Es ist das erste expressionistische Gedicht, das es in Deutschland gab, ihr berühmtestes Gedicht, festigte ihren Ruf als jüdische Dichterin)

Eines der hervorstechendsten Charaktermerkmale der Dichterin war, dass sie sich für andere einsetzte, auch wenn es ihr selber schlecht ging. Sie beschwor den Angeschriebenen dann, dem Betreffenden nichts über ihre Bemühungen zu verraten. So versuchte sie auch, sich bei R. Demels Frau Ida für ihren Mann zu verwenden. Im Hause Walden gab es Konzerte für Freunde und Interessierte, an denen Liedvertonungen von H. Walden nach Demel und Else Lasker-Schüler Gedichten gesungen wurden.

In den ersten Ehejahren glaubten Else Lasker-Schüler und Walden vom gleichen inneren Wuchs zu sein, doch schon nach drei bis vier Jahren traten Veränderungen ein. Zwar setzte sich die Dichterin weiter für ihren Mann ein, dessen beruflicher Weg noch nicht gefestigt war, doch überschatteten die ständigen Geldsorgen ihr Zusammenleben. Dazu kamen die Sorgen um die Gesundheit des Sohnes Paul. Alte Ängste brachen wieder auf, die sie an ihr unsicheres Leben nach der ersten Ehe erinnerten.

„Die Wupper", ein Drama in dem Naturalismus, Symbolismus sowie Expressionismus dieses eigenwillige Schauspiel durchziehen, erscheint 1909, wurde jedoch erst 1919 am Deutschen Theater in Berlin uraufgeführt. Friedrich Holländer schrieb die Musik dafür.

1911 war die Ehe nicht mehr zu retten. Walden unternimmt mit einem Freund eine Skandinavienreise und lernt die Schwedin Nell Roslund kennen, die er nach der Scheidung, die am 1. November 1912 ausgesprochen wird, heiratet! Diesmal ist die Dichterin die Verlassene, dass trifft sie besonders hart und so flüchtet sie sich ins Kranksein. Aber in dieser für sie so schwierigen Zeit fand sie endlich künstlerische Anerkennung. Doch wirkten ihre Dichtungen immer mehr auf die Künstler um sie herum, statt auf ein großes Lesepublikum. Sie war im Wesentlichen eine Dichterin für Dichter. Sie fand Aufnahme im „Inneren Zirkel der Wissenden". Jeder kannte sie und dennoch war sie keine

populäre Schriftstellerin, noch offiziell aner-
kannt. Immer wieder hieß es Bittbriefe an
Freunde und Mäzene zu schreiben und Lesun-
gen abzuhalten, um zu überleben.
Sie liebte es bei Kerzenlicht vorzulesen und ihr
Lesen durch Pochen, Schellengeläut und Ras-
seln zu untermalen.
Sie hatte schauspielerisches Talent und eine
schöne Stimme. Ihr Gesicht mit den glühenden
Augen war von einer orientalischen Sinnlich-
keit. Ihr Körper hatte etwas Schlangenhaftes.
Sie sprach nicht sanft, sondern hart, gläsern
waren ihre Worte, wie Metall glühten sie, nie-
mals bebten sie und ganz plötzlich brachen ihre
Gedichte ab.

Zum Weiterlesen: die Erzählung „Der Mond"

Ihren Sohn versuchte sie - wegen seiner anfälli-
gen Gesundheit - mehrmals, auf Landschulen
zu geben. Doch überstiegen die Ausgaben
meist die Einnahmen. So bemühten sich
Freunde immer wieder, sie zu unterstützen.
1913 erschien in „Der Fackel" ein Spendenauf-
ruf für die mit schweren Sorgen kämpfende
Dichterin, der unter anderem von Selma Lagerl-
löf, R. Demel, K. Kraus, Adolf Loos und Ar-
nold Schönberg unterzeichnet war. Die Aktion
brachte mehr als 4000 Mark ein.

Sie lernt Gottfried Benn kennen und verehren. Er widmet ihr sein Gedichtsbändchen „Söhne". Sie nennt ihn Giselher und viele Gedichte drücken ihre Verliebtheit für ihn aus, die er aber dichterisch zurückweist. Er blieb als Freund und Kollege ein Leben lang mit ihr verbunden. Diese Erfahrungen haben sich dichterisch verschlüsselt in „Mein Herz" und „Der Malik" niedergeschlagen.

Das Herz hat die Dichterin oft als ein selbstständiges Wesen dargestellt. Das aus der Brust herausgenommene Herz spielt im gesamten Werk eine Rolle.

„Ganz jung sah ich es zur maßlosen Besorgnis meiner Mutter am Türpfosten meines Spielzimmers dunkelrot hängen, sekundenlang."

Der Malik wirft sein Herz unter seine bunten Menschen. In seiner Krönungsrede bezeichnet er es als einen Garten, Weinberg, Regenbogen des Friedens, als Ozean und warmen Tempel.

1912 eröffnete Herwarth Walden in Berlin die „Sturm-Galerie" mit der Künstlergruppe „Der blaue Reiter". Hier begegnete ihr Franz Marc und daraus entstand eine außergewöhnliche Freundschaft. Er versprach ihr ihren sehr begabten Sohn Paul, den er zeichnerisch für frühreif hielt, später zu unterrichten. Von Paul stammt die schöne Profilzeichnung der Mutter auf dem Umschlag des Bandes „Konzert", der

1932 herauskam. Er hat es mit 14 Jahren gezeichnet.

Nach einem Aufenthalt beim Ehepaar Maria und Franz Marc auf Schloß Ried entstand ein Briefaustausch mit Franz Marc bis zu seinem frühen Tod 1916 im Ersten Weltkrieg. Marc sandte ihr illustrierte Postkarten „die Botschaften an den „Prinzen Jussuf" beinhalteten. Eines seiner schönsten Bilder „Der Traum" gab er auf eine Auktion zugunsten der Freundin Else Lasker-Schüler. Sie setzte ihm ein literarisches Denkmal in ihrer Kaisergeschichte „Der Malik". Sie redete ihn nur mit „mein lieber blauer Reiter" an.

Zum Weiterlesen: drei kleine Briefe an Franz Marc, den blauen Reiter

Der Erste Weltkrieg fordert viele Opfer aus ihrem Freundeskreis, auch Georg Trakl gehörte dazu. Sie lebte im Mansardenzimmer eines Berliner Hotels für 5,50 Mark täglich. Hat nach ihrer zweiten Scheidung nie mehr in einer Wohnung gelebt.

Es erscheinen die „Hebräischen Balladen". 1919 begann Paul Cassierer, ihre Werke neu herauszugeben. Ihr Sohn lebt zu dieser Zeit in Wien. Sie hatte erhofft, dass sich Karl Kraus seiner annimmt. Paul Lasker hatte eine besondere Begabung fürs Zeichnen von Karikaturen. Aber Kraus tut nichts dergleichen und so kommt es zum endgültigen Bruch mit ihm. 1924 reist sie nach Venedig, der Stadt ihrer Mutter und Peter Hilles. Eines ihrer schönsten Bücher entsteht, das beiden Seiten ihrer Begabung voll Rechnung trägt. „Theben", in dem jeweils eines ihrer schönsten Gedichte einer entsprechenden Zeichnung gegenübergestellt war. Hier zeigte sich, welch enge Beziehung bei ihr zwischen Wort und Bild besteht.

Paul Lasker erkrankt an Tuberkolose!

Immer wieder bringt sie ihn in Sanatorien unter. Dadurch steigen die Geldsorgen ständig. Wie sie das alles bezahlte, war nie ganz klar.

Sein Zustand verschlechtert sich Zusehens, sie holt ihn nach Hause und wacht bei dem Todkranken Tag und Nacht. Er stirbt am 14. Dezember 1927 mit erst 28 Jahren.

Durch diesen Verlust verdüstert sich das Gemüt der Dichterin. Wieder riefen Freunde zur Hilfe auf. Den Schillerpreis für Else Lasker-Schüler war der Ruf an die Nation, die allerärmste, die allerreichste Dichterin deutscher Sprache in ihrer Not nicht versinken zu lassen.

Thomas Mann spricht ihr sein Mitgefühl aus, setzt sich bei der „preußischen Akademie und Sektion" und dem Kultusminister für ein Ehrenbudget für sie ein.

Als sie 1932 den Kleistpreis erhält, kommen im „Völkischen Beobachter" Gegenstimmen: „wie man der Tochter eines Beduinenscheich, einen solchen Preis verleihen konnte! Wir meinen, dass die rein hebräische Poesie Else Lasker-Schülers uns Deutsche nichts angeht."

Am 19. April 1933 reist sie in die Schweiz, sie fühlt sich nicht mehr sicher in Deutschland. Sie besucht Freunde in Ascona. Wird, wo sie auch ist, von Polizeispitzeln aufgesucht. „Duldung" war die öffentliche Bezeichnung in der Schweiz! Man hatte Angst, sie würde der Wohlfahrt zur Last fallen. Andererseits erlaubte man ihr nicht, einem Erwerb nachzugehen. Sie musste sich sogar verpflichten, ihren Beruf als Dichterin nicht auszuüben. So war die Emigrantin stets gezwungen hin- und herzureisen.

Wieder unterstützten sie Freunde. Silvain Guggenheim bürgte bei den Behörden für sie. Klaus Mann sorgte für Veröffentlichungen ihrer Gedichte in der Emigrantenzeitung „Die Sammlung". 1934 reist sie zum ersten Mal nach Palästina. Sie ist beeindruckt von diesem Land, hat Lesungen! 1937 gibt sie das Buch über diese Reise heraus. Alle Kritiken rügen sie, besonders die in den Exilblättern:

„Eine Verspieltheit, die ihre bunten Eindrücke wie in einer Schürze einsammelt und kaleidoskopartig durcheinanderschüttelt, mag ja reizvoll sein – aber man verspielt nicht sein Dichterrecht, das Recht auf Hass und Abscheu für den Unterdrücker." Besonders hart wurde ihr die Duce-Schwärmerei vorgeworfen.

„Sie wäre in Rom von ihm empfangen worden und hätte auf seinem Schreibtisch ihre gesammelten Werke gesehen," erzählte sie Heinrich Mann. Der riet ihr, dieses wunderlich, schöne Erlebnis für sich zu behalten.

Im Dezember 1936 wird ihr Theaterstück „Arthur Aronymus und seine Väter" am Schauspielhaus Zürich uraufgeführt, wird aber nach zwei Aufführungen wieder abgesetzt. Neben politischen Gründen war auch ein privater Krach, der wirkliche Grund dafür.

Es folgen Reisen mal zurück in die Schweiz, mal nach Jerusalem, bis sie sich wegen des Ausbruchs des Zweiten Weltkrieges 1939 gezwungen sieht, dort zu bleiben. Sie ist 70 Jahre und erlebt nun noch sechs schlimme Jahre als ärmste Dichterin im Land ihrer Väter. Sie schreibt an einem neuen Theaterstück „Ichunddich" in dem „Faust" vor dem Hintergrund der zeitgenössischen, politischen Tragödie Deutschlands steht. Das klassische Thema „Zwei Seelen in einer Brust" dient ihr dabei als Ausgangspunkt für das moderne Thema der Ich-Spaltung.

Im Sommer 1944 erkrankt die Dichterin schwer. Ihre Lesungen müssen abgesagt werden. Am 16. Januar 1945 kündigt sich der Tod an, sie hatte ihn vorausgeahnt in den Versen: „Mein blaues Klavier".

Nach einem schweren Herzanfall litt sie entsetzlich, trotz starker Morphiumdosen.

Das Herz wollte nicht nachgeben!

Am 23. Januar 1945 hauchte sie buchstäblich ihr Leben aus. Die Beerdigung war würdig, 60 Menschen erwiesen ihr die letzte Ehre. Der Rabbiner Wilhelm sprach das Gedicht „Ich weiß" aus ihrem letzten Lyrikband „Das blaue Klavier". Gerson Stern sprach das Kaddisch.

Die Widmung aus dem „Blauen Klavier" lautet: Meinen unvergesslichen Freunden und Freundinnen in den Städten Deutschlands und denen, die wie ich vertrieben und nun zerstreut in der Welt! In Treue

Zum Weiterlesen: „Mein blaues Klavier", „Die Dämmerung naht", „Mein Herz ruht müde", „Gebet", „Herbst", „Ich weiß"

Exkurs: Herwarth Walden (1878-1941)

Er übersiedelte 1932 in die Sowjetunion und wurde als einer von vielen 1941 in Moskau verhaftet. In den 60er Jahren wurde bekannt, dass er am 31. Oktober 1941 im Gefängnis von

Saratow/Wolga umgekommen ist mit 63 Jahren.

**Lebensbild der Dichterin Nelly Sachs
(1891 – 1970)
Mit Verweisen auf Lyrik und Prosa von
Nelly Sachs zum Weiterlesen.**

Nelly Sachs

Am 10. Dezember 1891 wurde Leonie Sachs als Tochter jüdischer Eltern in Berlin geboren. Väterlicher und mütterlicherseits stammt Nelly Sachs aus Kaufmannsfamilien. Von der Seite der Mutter ist eine Zugehörigkeit zum Judentum festzustellen, beim Vater der Familie Sachs hingegen ist eine allgemeine Identitätskrise des Judentums im 19. und 20. Jahrhundert zu erkennen. Seine Familie hatte sich wie viele sephardische Juden, die ehemals 1492 aus Spanien stammten, in Schlesien niedergelassen. Nelly Sachs erwähnt spanische und christliche Einschläge in ihrer Familie. Letztere auch durch Einheiraten in eines der ältesten deutschen Adelsgeschlechter, in das katholisch-fränkische Haus Schaffgotsch mit österreichisch und schlesischer Stammfamilie in Breslau und Schweidnitz.

Der Großvater Adolf Abraham Loebel Sachs stammt aus Rosenberg oder Grünberg in Schlesien, die Großmutter Johanna Sachs kam aus Ratibor/Oberschlesien. Das Ehepaar lebte in Breslau, wo wohl auch fünf ihrer sieben Kinder zur Welt kamen. Der Großvater besaß eine Modewaren- und Damenmantelhandlung in Breslau. Die Großmutter muss eine emanzipierte Frau gewesen sein, wurde sie doch trotz ihres „Kinderreichen Haushalts", als Prokuristin des Geschäftes im Geschäftshandbuch von Breslau 1868 aufgeführt. Ihre Wohnung war am Schweidnitzer Stadtgraben 9 Parterre.

1867/68 zieht die Familie Sachs nach Berlin! Die deutschen Kleinstaaten sind seit 1871 zum Kaiserreich vereint, dessen Reichsverfassung das Emanzipationsgesetz des Norddeutschen Bundes von 1869 über die völlige rechtliche Gleichstellung der Juden übernimmt.

Somit haben Juden am Aufschwung des ökonomisch, kulturell und politisch sich emanzipierenden Bürgertums vollen Anteil, die Voraussetzungen ihrer Integration in die deutsche Gesellschaft sind damit geschaffen. Mit seinen 200 000 Juden entwickelt sich Berlin auch zum religiösen und geistigen Zentrum des europäischen Judentums.

So entsteht aber auch ein „jüdischer Typ", der zwar jüdischer Abstammung ist, für den es aber jüdische Inhalte im Sinne irgendeiner Tradition nicht gibt und der in „Reichtum, Bildung oder Künsten eine neue Heimat sucht" und sich innerhalb des allgemeinen, sich verstärkenden deutschen Nationalgefühls eine starke vaterländische Gesinnung entwickelt.

Adolf Abraham Loebel Sachs gründete an der Leipzigerstraße, der Geschäftsmeile Berlins, die Firma A. Sachs, Gummi und Guttaperchawaren. Sie wird die Keimzelle einer Fabrikation von Gummiwaren aller Art, vom Regenmantel über Schuhsohlen bis zu chirurgischen und technischen Instrumenten.

Die Firma meldet mit der Zeit zahlreiche Patente an und erhält mehrfach Auszeichnungen und Medaillen. So geht auch die Erfindung des Expanders zur häuslichen Körperertüchtigung auf den Sohn Georg William Sachs zurück der Nelly Sachs Vater war.

Er gründete zusammen mit seinem jüngeren Bruder Maximilian Alexis unter dem Namen A. Sachs-Söhne die Gummiwarenfabrik, eine Dependance mit Sitz in der Lessingstraße 33.

In Berlin nannte man sie die „Gummi Sachse". Bis 1937 wird das Geschäft geführt!

Der Vater Nelly Sachs war eine starke Persönlichkeit, geschäftstüchtig, organisationsfähig und tatkräftig und doch gab es immer wieder Geldsorgen im Hause Sachs. Vom einstigen Wohlstand geriet man in die bitterste Notlage. So beschrieb es auch Nelly Sachs in einem Brief an Selma Lagerlöf vom 18. November 1923, worauf sie das für sie unerschwingliche Buch „Mårbacka" von der Dichterin zum Geschenk erhielt.

Exkurs: „Mårbacka" hieß das väterliche Gut, welches Selma Lagerlöf Dank ihres späteren Erfolges zurückkaufen konnte, auf dem sie Besucher aus aller Welt empfing, Mustervieh züchtete und in einer Mühle, die sie bauen ließ, das berühmte „Mårbacka Mehl" herstellte. Davon handelte das Buch!

Der Vater lebt das patriarchalische Grundmuster seiner Zeit. Materielle Sorgenfreiheit und geistige Liberalität bestimmen den persönlichen Lebensstil und die individuelle Wertauffassung. Er reitet, wie Nelly Sachs später erzählt, morgens in Begleitung seines Hundes aus. Er soll auch das erste Auto in Berlin gefahren haben. Verkehrte mit Berthold Kempinski in dessen Weinstube und lernte dort viele interessante Persönlichkeiten kennen. Zu Hause ist er autoritär und egozentrisch, doch ist er sehr musikalisch. Die kunstsinnige oder künstlerische Atmosphäre im Elternhaus von Nelly Sachs beruht auf seinen Neigungen.

Die Mutter, Margarete Sachs geb. Karger, wurde 1871 in Berlin geboren. Ihre Großeltern stammten aus Thorn und Elbing bei Danzig/Westpreußen. Die Urgroßmutter muss Nelly noch erlebt haben und sie 1912 mit zu Grabe getragen haben.

Sie wird von ihr im „Merlin-Fragment" der Spätzeit erwähnt und sie scheint bei ihr, ihre eigene Vorliebe für Sagen und Märchen geweckt zu haben:

„Urmutter hat vom Vogel Rock erzählt. Der wohnt in der Sage. Das ist ein finsteres Haus ganz aus Nacht gebaut. Ich werde es suchen, wenn ich groß bin, mit der Rute in der Hand, sagt Urmutter, soll ich es suchen gehen. Bei Urmutter riecht es nach Kaffee und Buxbaum."

Als Leonie Sachs, die von ihren Eltern Nelly genannt wurde, zur Welt kam, wuchs sie in einen ausgeprägten Frauenhaushalt auf. Ihre Mutter Margarete war gerade 20 Jahre alt, Großmutter und Urgroßmutter wohnten um die Ecke und haben sich sicher häufig in häusliche Angelegenheiten eingemischt.

Die kleine Nelly wird von drei Müttern zugleich umsorgt und behütet und deren Erziehungsansprüchen war es wohl schwer, ihren eigenen Willen entgegenzusetzen. Somit entwickelte sie nur wenig Eigenständigkeit, was sich in ihrem Leben aber auch an bestimmten Stellen ihres späteren Werkes spiegelt.

Der Weg zum eigenen Ich beginnt ja schon sehr früh und so ist in ihrer Biografie eine frühe Anpassung des kleinen Mädchens an die Bedürfnisse der Erwachsenen anzunehmen, in der sich die ersten Grundmuster der so auffälligen Nach-innen-Gekehrtheit, der sich ganz in sich zurückgenommenen Nelly Sachs entwickelten, in der sich aber auch ihre eigenen inneren Bilder und Visionen, dank ihrer Begabung formieren.

Ihre stark erlebten und geäußerten Kindergefühle wirken auf die Erwachsenen ihrer Umgebung störend, also müssen sie aberzogen werden, durch Verbot, Strafe, Liebesentzug und Appellieren an das gute Kind. Mit ihrer hochgradigen Sensibilität spürt sie sehr schnell, dass Anpassung die Erwachsenen befriedigt und ihr gleichzeitig Liebe garantiert. Als sie fünf Jahre alt ist, stirbt die Großmutter Feodora Karger, 51-jährig! Ein großer Einschnitt im Leben der Familie Sachs. Nun muss Nellys Mutter die Verantwortung für die kleine, geliebte Tochter allein übernehmen.

In diese Zeit fällt der Umzug in eine neue Wohnung, in das als Neubau erworbene Haus in der Lessingstraße 33.

Als Ersatz für fehlende Geschwister und Spielkameraden schenkt ihr der tierliebende Vater zur Gesellschaft ein Reh, eine Ziege und Hunde.

Der Vater macht sie auf Wanderungen durch die Wälder Thüringens auf die kleinsten und unscheinbarsten Dinge aufmerksam und legt den Keim zu allem was später in ihren Gedichten zum Ausdruck kommen will.

Wenn der außerordentlich musikalische Vater am Abend Klavierfantasien spielte, bewegte sich die kleine Nelly träumerisch dazu. Hier entstand der Wunsch in ihr, Tänzerin zu werden. Schon in früher Kinderzeit dachte sie sich Gedichte und Märchen aus. Eine Veranlagung, die sie von der Mutter erbte.

Zum Weiterlesen: „Frühe Gedichte" (1921 und Gedichte von 1930 – 1940):

„Rehe", „Am Klavier", „Inschrift auf die Urne meines Vaters", „In der blauen Ferne", „Die Musik", „Schmetterling" (eines ihrer schönsten Gedichte)

1897/98 wird sie in die öffentliche Dorotheenschule in Moabit eingeschult. Jüdische Eltern schickten ihre Kinder gern auf diese Schule. Unstimmigkeiten zwischen jüdischen und nicht jüdischen Kindern gab es zu dieser Zeit noch nicht. Doch Nelly war der Schulsituation nicht lange gewachsen. Sie ist schüchtern, in sich gekehrt, ein langsames verträumtes Kind, das schwer lernt und niemand erfuhr von ihren dichterischen Versuchen.

So erhält sie aus gesundheitlichen Gründen von 1900 – 1902 Privatunterricht, was in der damaligen Zeit nichts Ungewöhnliches ist. Der Vater gewinnt immer mehr an Bedeutung als begehrtes Bezugs- oder Liebesobjekt für sie. Er wird etwas „Heiliges", ein überlebensgroßer idealisierter Vater. Später wird sie ihn in seinen langen Leidensjahren seiner Krebserkrankung pflegen, in denen er sich ihr in vielem aufschloss und doch erinnert sie sich, dass sie sich nie richtig ausgesprochen hätten.
Sie suchte immer Schutz bei ihm, vor der überwältigenden und ausbeutenden Liebe der Mutter, doch er bietet ihr diese Zuflucht nicht, nimmt seine Tochter nicht genügend wahr. Seine Zeit ist voll ausgefüllt, neben seinen Geschäften und Erfindungen, widmet er sich zu Hause seiner mineralogischen Sammlung, die das Kind Nelly ehrfürchtig bestaunt. Als tröstlicher Abglanz wird sie später im Stockholmer Zimmer selber Steine sammeln, und der bewundernde Stein, gewachsen im Dunkel der Erde, der Edelstein, wird motivisch in ihre

Lyrik eingehen. Dazu verfügt der Vater über eine umfassende Bibliothek! Die Kinder- und Jugendjahre sind von schuldbeladenen Verkettungen, mal der Mutter, mal dem Vater gegenüber geprägt. Sie nennt es die „Maienzeit" gleich unbeschwerte Jugend- und Liebeszeit „tut tiefer als Winter weh". Die freie Entwicklung des Kindes zur reifen Frau wird verhindert.

Ab 1902 – 1903 bis 1908 geht sie auf die private Aubert`sche Höhere Mädchen Schule. Das Fehlen in der Schule sowie ihr späterer Schulabschluss haben in jenen Jahren wenig Bedeutung, da man auf eine berufliche Ausbildung für Mädchen keinen Wert legt. Für sie gibt es nur die Heirat und so schickt sie der Vater auf eine Hauswirtschaftsschule, wofür sie dankbar ist und was ihr später die Bewunderung ihrer Gäste als „gute Hausfrau" einbringt. Sie malt auch, was sie nie ganz aufgab. Kleine zarte Blumenaquarelle und kleine Porträtzeichnungen sind aus ihrem Nachlass erhalten. Zu ihrem 15. Geburtstag erhält sie Selma Lagerlöfs berühmten Roman „Gösta Berling". Sie ist fasziniert und mit diesem Buch beginnt eine tiefe Liebe und Verehrung für die große schwedische Dichterin, sie wird ihr später leuchtendes Vorbild sein. Ihr schenkt sie in hingebungsvollen Briefen ihr Vertrauen. Was löst aber diese

Verehrung aus? Dieses Buch über die Schuld eines Menschen ist voller Lebenskraft. Der Mut, mit dem alle menschliche Schwäche und Lauheit noch mehr alle Aggression gelebt und eingestanden und nicht verdrängt wird, musste ihr wie eine leuchtende Flamme erscheinen. Die Sehnsucht nach einem durch Ausgesöhnt-sein „geheiligtes Leben" also, ein Thema, dass das gesamte Werk der Nelly Sachs durchziehen wird, wird ihr hier geschildert.

Es entstehen Puppenspiele für Schulaufführun-gen, Gedichte und Geschichten in dieser Zeit. Sie liest mit 16 Jahren Hermann Hesse, schreibt ihm wohl auch (nicht zu belegen) er hätte sie wieder lachen und spielen gelehrt, empfindet sie. Im Schreiben findet sie den befreienden Weg.

Es entstehen Legenden, die später veröffent-licht werden. Die Jahre von 1908 bis 1910 nach Beendigung der Schule sind mit Schweigen belegt. Sie nennt die Erlebnisse dieser Zeit als die eigentliche Quelle ihres späteren Schaffens, und sie sind von prägender Bedeutung für ihr Leben. Als 17-Jährige fährt sie mit den Eltern in einen Kurort ins Riesengebirge und verliebt sich heftig in einen viel älteren Mann, der spä-ter als der tote Bräutigam besungen wird. Spä-ter erfährt man, dass sie nach dieser Begegnung zwei Jahre zwischen Leben und Tod schwebte.

Sie konnte fast keine Nahrung zu sich nehmen und befand sich zwei Jahre in der Obhut des Psychiaters Dr. Richard Cassirer in Berlin. Er hatte so einen Fall in seiner Praxis noch nie erlebt, der so Heines Gedicht bestätigte: „Und mein Stamm sind jene Asra, welche sterben, wenn sie lieben."

Dr. Cassirer (1868 in Breslau geboren, 1925 in Berlin gestorben) Professor für Neurologie, genießt auch einen großen Ruf als Psychiater und Psychotherapeut, er bestärkt sie, als er ihre Gedichte liest, ihre Verzweiflung in Worte zu fassen und kann durch seine Einfühlsamkeit der jungen Nelly Sachs helfen. Nelly Sachs erwähnt später „das Schicksal hatte es auf beiden Seiten unmöglich gemacht, dass sie und der geliebte Mann zueinander konnten". Zweifellos liegt aber die Nichterfüllung dieser Liebe auch in ihr selbst begründet. Sie konnte sich nicht von den Eltern lösen, aus ihrer extrem gestörten Beziehung zu ihnen. Sie vertraute sich wohl nur ihrer Mutter an und hat diese „Liebe bis zu ihrem Tod zum Geheimnis ihres Lebens gemacht". Walter Berendsohn gegenüber machte sie nur die Angaben:

„Er war ein nicht jüdischer Mann aus guter Familie, er wurde Widerstandskämpfer im Dritten Reich. Er wurde vor ihren Augen gemartert und schließlich umgebracht."

Ein Erlebnis, das über ihrem ganzen Leben stand, sie nie losließ und auch wieder Schuldgefühle den Eltern und dem Geliebten gegenüber auslöste, die sich in den „Briefen der Nacht" niederschlagen. „Welche Schuld, gerade da, wo die Liebe Grenzen des Atems überstiegen hat, diese Lücken in der Liebeshandlung." „Ausgehobene Fenster, durch die Schuld eingeladen wird."

Nelly Sachs hat im Zusammenhang mit der Liebe immer Schuld empfunden und diese innerste Last mitgeschleppt. Diese beiden Menschen waren aber bis zu seinem Tod immer in Verbindung und diese Verbindung war der Kern ihres Lebens. Nach dem Tod des Vaters 1930 nimmt sie die Beziehung zu dem Geliebten wieder auf. Der Vater musste sterben, um seine Tochter für eine erwachsene Liebesbeziehung zu einem anderen Mann freizugeben. Sie war 39 Jahre alt, als das geschah!

Zum Weiterlesen: „Gebete an den toten Bräutigam" (1943/45): „Nacht mein Augentrost du", „Vielleicht aber braucht Gott die Sehnsucht", „Ich sah eine Stelle", „Abgewandt", „Auch Dir, du mein Geliebter", „Wenn ich nur wüßte"

Nach ihrer schweren Erkrankung hatte sie sich nur langsam erholt. Sie nimmt kaum Geselligkeiten war, nur die Beziehung zu ihrer einzigen Freundin Dora Jablonski, aus jenen Jahren ist bekannt. Nelly Sachs steht im dritten Lebensjahrzehnt. Große Innigkeit verbindet die beiden jungen Frauen. Sie sprechen über Literatur, Musik, Malerei und der geliebten Dora liest sie ihre Gedichte vor. Dora heiratet verhältnismäßig spät den 15 Jahre älteren Privatgelehrten Hugo Horwitz. Währen sich die ganze Familie Horwitz nach 1933 durch Emigration retten kann, bleiben Dora und ihr Mann in Berlin. Sie werden von den Nazis in Lager verschleppt und bleiben verschollen. Nelly Sachs hat beide in ihren Grabschriften „Die Tänzerin" und „Der Spinozaforscher" (Baruch Spinoza, Amsterdam 1632 - Den Haag 1677, niederländischer Philosoph) der Erinnerung bewahrt, mit ihren Initialen!

Zum Weiterlesen: „Grabschrift in die Luft geschrieben" (1943-45): „Die Malerin" (M.Z.), „Der Steinesammler" (E.C.), „Die Abenteuerin" (A.N.), „Die Ertrunkene" (A.N.), „Die alles Vergessene" (A.R.), „Der Hausierer" (G.F.), „Die Markthändlerin" (B.M.), „Die Tänzerin" (D.H.), „Der Spinozaforscher" (H.H.), „Der Narr" (H.F.), „Die Schwachsinnige" (B.H.), „Der Ruhelose" (K.F.), „Der Marionettenspieler" (K.G.)

Im Jahre 1921 erscheint ein kleinformartiger Band bei F.W.Mayer Berlin/Wilmersdorf mit „Legenden und Erzählungen". Der Verkaufserfolg ist kaum messbar, doch es liegt eine Bestätigung in der Publikation, die die junge Dichterin Nelly Sachs dringend braucht.
Sie schickt ein Exemplar an Selma Lagerlöf mit einer Widmung:
„Berlin im November 1921, Siegmundshof 16
Dieses Buch soll Selma Lagerlöf zu ihrem Geburtstag einen innigen Gruß aus Deutschland bringen. Es ist geschrieben von einer jungen Deutschen, die in der großen schwedischen Dichterin ihr leuchtendes Vorbild verehrt. Nelly Sachs".
Selma Lagerlöf schreibt ihr dankend zurück, sie hätte es auch nicht besser machen können! Ein großes Lob für die junge Dichterin.

Erst während des Nationalsozialismus beschäftigte sich Nelly Sachs erzwungenermaßen mit dem Judentum und erfuhr große Offenbarungen in der jüdisch-chassidischen Mystik und im „Sohar", dem Buch des Glanzes. Sie kennt die Heiligenlegenden der katholischen Kirche, sie hat die Bücher der christlichen Mystiker, des

Dreigestirns: Meister Eckart (Mittelalter 1260-1328), Johannes vom Kreuz und Jacob Böhme, dem Görlitzer Schuster (Barock 1575-1624), gelesen und sie hat sich in die mystische Grundhaltung der romantischen Literatur vertieft, wie sie es bei Novalis und Hölderlin fand.

Der Unterschied zwischen christlicher und jüdischer Mystik ist unerheblich! Zu den Wiederentdeckungen der Romantik gehörte auch die Gestalt des Franz von Assisi (1181-1226), die Nelly Sachs ganz besonders anzieht. Die Geschichten um diesen strahlend-leidenschaftlichen Heiligen, den „Sänger Gottes", der in allem, was lebt, Gott schaut, diese Legenden sind genau das, worin sich die einsame, suchende Seele der Nelly Sachs wiederfindet. Es entstehen die Sonette „Franz von Assisi". Alle diese Erfahrungen, die sie durch diese Literatur machte, strömen und fließen in ihr Werk ein, aber sie verwandelt sie. So auch in die „Chöre nach der Mitternacht", in denen das große Leid des jüdischen Volkes, aber überhaupt das Leiden der Menschen anklingt. Hier erkennt man die Gottessucherin, die sie von Anbeginn war und in ihrem ersten großen szenischen Werk „Eli" (1945) wird die Hauptfigur, der Schuster Michael, ein Gottesknecht, Anklänge haben an den auch einmal so leidenden Görlitzer Schuster Böhme. Hier in der Mystik Jacob Böhmes begegnete ihr ein Urwissen von der Einheit, das ihr im Innersten vertraut war und das sie auch später tröstete in ihrer verzweifelten Krankheit. Bei Böhme erfuhr sie auch, wie gerade „mitten im Tode das Leben geboren wird", diese ahnungsvolle Gewissheit gehört zum Grundstoff ihres Lebens und ihres künstlerischen Schaffens.

So versteht sich auch ihre Wesensverwandtschaft zur Romantik, besonders zu Hölderlin und Novalis. Nicht nur die Literatur, sondern auch das Lebensgefühl der Romantik entspricht ihr und mit Hölderlin verbindet sie Schicksalshaftes, seine schon in jungen Jahren entstandene tragische Einsamkeit und sein immer wieder verzweifelt-hilfloses Zurückkehren zur Mutter. Hilde Domin nannte Nelly Sachs eine Schwester von Novalis und Hölderlin, legitim zu Hause in der deutschen Sprache.

Zum Weiterlesen: aus „Chöre nach Mitternacht" (1945/46): „Chor der Sterne", „Chor der verlassenen Dinge", „Chor der Steine"

Über die Jahre 1933-40 hat Nelly Sachs wenig Auskunft gegeben, teils aus Scham, aber auch weil es oft unfassbar für sie war, was geschah.

Viele ihrer Verwandten und Bekannten retteten sich durch Emigration. Ihre Gedichte können nur noch in den Zeitschriften des jüdischen Kulturbundes erscheinen. Bei dessen Veranstaltungen von 1936-39 erfährt sie die Gemeinschaft von Künstlern, die sie bisher vermisste. Die Hoffnung es könnte noch alles gut werden, zerschlägt sich immer mehr. Ab 1938 kommt es zur Zwangsauflösung ihres Besitzes, bei der ihr ein befreundeter Bankier Otto Scheuermann hilfreich zur Seite steht. Dieses Geld wird ihr und ihrer Mutter bei der Flucht 1940 helfen. Sie wendet sich bittend an Selma Lagerlöf. Ausschlaggebend wird jedoch der Besuch ihrer Freundin Gudrun Dähnert bei der greisen und kranken Dichterin in Schweden im Juni 1939. Sie erhält ein Empfehlungsschreiben von ihr, was über die Mithilfe des Bruders des schwedischen Königs Prinz Eugen Bernadotte bei der Ausländerbehörde hilfreich ist. Diese wiederum verlangt eine Bürgschaft mit Aufenthalt in Amerika, da Schweden nur als Durchreiseland gilt. Dazu müssen 100 Kronen pro Person nachgewiesen werden. Mitte Mai 1940 erhält Nelly Sachs den gefürchteten Gestellungsbefehl in ein Arbeitslager, aber zur gleichen Zeit auch das Einreisevisum für Schweden. Sie handelt nun blitzschnell, alles ist vorbereitet und sie kann mit ihrer Mutter am 16. Mai 1940 mit der letzten Passagiermaschine Deutschland verlassen.

Die nächsten Jahre sind geprägt von verschiedenen Unterkünften auf engstem Raum und einem äußerst kargen Leben, aber voller Dankbarkeit für die Rettung. Es heißt die schwedische Sprache zu erlernen und schon 1942 erscheinen die ersten Übersetzungen schwedischer Lyrik von ihr in Deutsch. Dazu kommt die Pflege der kranken Mutter bis 1950 und die damit verbundenen Arztkosten. Schreiben kann sie fast nur nachts.

Als Nelly Sachs von all dem Grauen, was ihren jüdischen Mitmenschen in Deutschland geschieht, erfährt, beginnt sie ab 1943 ihr Mitleiden in Gedichten auszudrücken, die zutiefst das aufweisen, was bisher noch kein anderer in Worte fassen konnte. So wird Prof. Walter A. Berendsohn (1884-1984) durch ihre „Elegie von Spuren im Sand" auf sie aufmerksam. Er ist gefesselt, wie die bisher unbekannte Dichterin das ungeheure Schicksal des jüdischen Volkes anzupacken versteht.

Nelly Sachs fand in Schweden zu einer ganz neuen Sprache, in der sie Dichterin des jüdischen Schicksals wird und ihre Ausdruckskraft wächst auch durch die Eindrücke der schwedischen Landschaft.

Zum Weiterlesen: Aus „In den Wohnungen des Todes (1947): „Meinen toten Brüdern und Schwestern", „Lange schon fielen die Schatten", „Oh, der weinenden Kinder Nacht", „Wer aber leerte den Sand aus euren Schuhen"

Am 7. Februar 1950 stirbt die geliebte Mutter nach langer Krankheit. Damit verliert die Dichterin ihr letztes Glück, ihre Heimat und fällt in tiefste Einsamkeit. Sie sehnt sich danach, zu sterben.

Depression und Verwirrung steigern sich. Freundschaften helfen nur teilweise, schreiben ist, was sie am Leben hält!

1952 erhält sie die schwedische Staatsbürgerschaft. Ab 1957 beginnt die Brieffreundschaft mit Paul Celan, der in Paris lebt, dem sie sich im ähnlichen Schicksal verbunden sieht. Diese innige Freundschaft verbindet sie bis zu seinem Selbstmord kurz vor ihrem Tod 1970. Für ihn entstanden zwischen 1962-1966 die zyklischen Gedichte „Glühende Rätsel".

Zum Weiterlesen: aus „Glühende Rätsel" (1962-65): „Diese Nacht", „Wenn ich die Stube", „Weine aus die entfesselte Schwere der Angst", „Meine Liebe floß in dein Martyrium", „Ich sah ihn aus dem Haus treten"

Von 1960 bis 1968 hält sich Nelly Sachs immer wieder im psychiatrischen Krankenhaus oder in einer Nervenklinik auf, gleichzeitig sind diese Jahre von schriftstellerischer Aktivität, von Veröffentlichungen und Ehrungen geprägt. 1960 wird ihr der Droste-Preis in Meersburg verliehen, es war ihr erster Besuch seit 1940 in Deutschland. Am Flughafen erwartet sie Familie Celan, Ingeborg Bachmann und Max Frisch. Sie ist überwältigt von der Atmosphäre und Liebe, die ihr entgegenschlägt. 1965 wird ihr der Friedenspreis des Deutschen Buchhandels in der Frankfurter Paulskirche verliehen. 1966 als 75-Jährige erhält sie zusammen mit dem israelischen Schriftsteller Samuel Josef Agnon, den Literatur-Nobelpreis. Das Preisgeld von 150 000 Kronen verteilt sie an Hilfesuchende der ganzen Welt!

1967 erlitt sie einen Herzanfall, 1969 folgte die Krebsoperation. 1970 stirbt Nelly Sachs am 12. Mai nach großem Leiden fast 80-jährig und fast auf den Tag, als sie vor 30 Jahren nach Schweden kam.

Auf dem damals schon geschlossenen jüdischen Friedhof in Haga Nora, im Norden Stockholms fand sie auf inständiges Bitten doch noch eine Ruhestätte hinter dem Grab ihrer Eltern!

Zum Weiterlesen: drei Gedichte (1950): „Stimme des Heiligen Landes", „Wie leicht wird Erde sein", „Völker der Erde"

Auch das sollte man wissen: „Für Nelly Sachs ist die geschichtlich-politische Entwicklung in Israel schmerzvoll. Dennoch wäre sie gerne dorthin gefahren; musste aber Einladungen und eigene Initiativen aus Krankheitsgründen aufgeben. Einst hatte sie alle Hoffnung auf die, die das neue Haus bauen, gesetzt, obwohl sie schon 1948, nach der Ermordung Graf Folke Bernadottes durch israelische Extremisten verzweifelt schreibt: Wie soll man es ertragen, das Einzige, was wir besessen haben, die Reinheit der Verfolgten, verloren zu haben, um selber Verfolger zu werden. Nun, Jahre später, in der Zeit der israelisch-arabischen Kriege, aber auch der Konfrontation zwischen Ost und West und des erschreckenden Aufstiegs neonazistischer Kräfte in Deutschland, ist sie völlig entmutigt: Alle Länder haben unter meinem Fuß/ihre großen Schrecken angewurzelt ... und an Alfred Andersch schreibt sie 1968: Die Welt ist schlimm. Alle Hoffnung, die wir hatten, fliegt fort."

Zu den Autoren:

Anne-Gabriele Michaelis (1934 geboren) war elf Jahre freie Mitarbeiterin der Städtischen Museen Heilbronn und leitete dort die Reihe „Poesie um fünf" in der sie Kunst und Literatur verband; zusammen mit Schauspielern des Heilbronner Theaters. Nebenher entstand der Gedanke, reine Literaturabende zu gestalten, was jeweils auf großen Zuspruch stieß. Die Tochter des Bildhauers Karl Gayer lebt seit über 42 Jahren in Heilbronn.

Jan Michaelis, der Sohn von Anne-Gabriele Michaelis, ist 1968 geboren. Gelernter Buchhändler. Freie Mitarbeit als Journalist. Otto-Rombach-Stipendium 1999 der Stadt Heilbronn. Internet: www.autor-michaelis.de und www.hoerrhein.de Geschäftsführer des Westdeutschen Autorenverbandes e.V. und Mitglied der Autorenwerkstatt Düsseltexter. Lebt in Düsseldorf.